英語の歴史から考える

英文法の「なぜ」2

朝尾幸次郎 著

大修館書店

まえがき

　ペーパーバックの最初のページを開く時の緊張感，映画館の照明がゆっくりと落ち，スクリーンがふわりと浮き上がる時の高揚感―私はその瞬間が大好きです．しかし，ページをめくるにつれ，映画の場面が展開するにつれ，気持ちが落ち着かなくなることがあります．教わったことのない文法が現れます．

　フランク・キャプラ監督の『素晴らしき哉(かな)，人生！』(*It's a Wonderful Life*, 1946) は観るたびに気持ちが温かくなる映画です．家の前に立つジョージ．しかし，そこにいるはずの子どもの姿がありません．動転したジョージが "Where's my kids?"（子どもたちはどこだ）と叫ぶと，私のこぶしにも力が入ります．そして，「どうして "Where're my kids?" ではないのか」と気になります．

　映画『カサブランカ』(*Casablanca*, 1942) ではドイツ軍のパリ侵攻が迫る中，黒人ピアノ弾きのサムが主人公のリックに心配そうに言います．"*Them* Germans will be here pretty soon."（ドイツ軍が来るのはもうすぐです）サムの心配そうな声を聞きながら「この *Them* Germans の them は何だろう」と考え込みます．

　アガサ・クリスティーの推理小説『スタイルズ荘の怪事件』(*The Mysterious Affair at Styles*, 1920) ではメイドのドーカスが女主人と最後に会った時の様子を探偵ポアロに話します．"'I'm sorry for that, m'm,' *I says*."（「奥様，お察しいたします」と私は申し上げたのです）ドーカスのことばの I says はどのように理解すればよいのでしょう．

　これらはどれも学校のテストであれば誤りとされる文法です．このような例に出会うたび，その由来をひとつずつたどってみました．すると，驚いたことにこれらの英語は決して誤った言い方

ではなかったのです．それは学校で学ぶ文法と競うように発達し，今に伝わった「もうひとつの英文法」でした．それがわかると映画や小説に現れる人々がいっそういきいきと輝いて見えました．

　本書は映画や小説に現れる英文法の「なぜ」を解説したものです．作品とその文法は切り離すことのできないものです．作品にどのような英語・英文法が使われているのか，それをあらかじめ知ることができれば便利です．そこで巻末には事項索引・語句索引とともに，作品名の索引も用意しました．この本は英文法書ではありますが，英語・英文法という視点からのブックガイド・映画ガイドでもあります．

　映画や小説を楽しまれる中で本書に取り上げた表現に出会われた時，「あの言い方だ」と思い出していただくことがあれば，本書もいささかのお役に立ったかと，うれしく思います．

2021年3月

著　者

目　次

本書での表記

「黒人英語」という言い方

　ヘミングウェイはその小説で negro / nigger ということばをたくさん使っています．これは差別的な意図によるものではなく，社会において不当な扱いを受けてきた黒人をありのままに描く意図によるものでしょう．アメリカの学校では図書室の本棚からマーク・トウェインの『ハックルベリー・フィンの冒険』をはずした所もあります．それは作品に nigger という語が現れるからです．この作品には nigger という語が213回現れます．しかし，そこで作者が描く黒人奴隷ジムは作品の中に現れるだれよりも人間的で心やさしい人物です．そこにトウェインの差別的な気持ちはかけらもありません．

　しかし，英語の negro / nigger に差別的な意味あいがあるのは事実です．このため，今では中立的な言い方として黒人をAfrican Americans（アフリカ系アメリカ人）と呼ぶのが一般的になりました．以前，彼らの英語は Black English と呼ばれていました．この black は差別的な意図のない中立的な意味で使ったものです．しかし，今ではそれも避ける雰囲気があります．彼らの話す英語は学術的には African American Vernacular English（アフリカ系アメリカ人固有の英語），略して AAVE と呼びます．しかし，これではあまりに学術的で扱いが不便です．そこで，本書では差別的な意図のない意味で「黒人英語」という言い方をしています．

発音の表記

　本書に現れる用例の多くはアメリカの小説や映画からのものです．発音はアメリカ英語を基本としています．米英ともに示す必

要がある場合には not［nɑ:t｜nɒt］のように米英の順で示しています．

　古英語・中英語・外国語の単語にはおおよその発音をルビで示しています．

　　例：古英語　　　cild（子ども）
　　　　　　　　　　チルド
　　　　フランス語　précisément（まさにそのとおり）
　　　　　　　　　　プれスィゼマン

英語・フランス語のrの音には便宜的にひらがなの「ら行」の文字をあてています．綴り字thの発音［θ］は便宜的に「さ」「す」「せ」「そ」のようにひらがなで示しています．［v］は「ヴ」で示しています．強勢は特に必要な場合以外は略しています．

作品名の表記

　映画・小説の原題は *Adventures of Huckleberry Finn*（ハックルベリー・フィンの冒険）のようにイタリックで，短編小説は"Fifty Grand"（5万ドル）のように引用符で示しています．

　すでに翻訳がある場合，邦題はそれによっています．アガサ・クリスティーの短編"The Cornish Mystery"は「コーンウォール謎の事件」のように訳すのがよいと思うのですが，邦訳にすでに「コーンワルの毒殺事件」があり，これに従っています．ビル・ビバリーの犯罪小説 *Dodgers* はプロ野球チーム，ロサンゼルス・ドジャーズにちなむ題名ですが，邦訳は『東の果て，夜へ』です．このような場合でもすでに存在する邦訳名に従っています．

英語の歴史から考える
英文法の「なぜ」2

プロローグ：誤植ではなかった a accident

ヘミングウェイの「5万ドル」 アーネスト・ヘミングウェイ（Ernest Hemingway, 1899-1961）は推敲に推敲を重ねて作品を書きました．今に残る草稿は表現の削除，書き換え，そして追加の跡であふれています．むだのない彼の文章はていねいな推敲から生まれました．

そのような端正な文章で，時折，「おや」と思う言い方を目にすることがあります．次は短編「5万ドル」からの例です．プロボクサーのジャックはこの試合を最後に引退すると決め，リングに上がります．あと1ラウンドを残すだけの第11ラウンド，彼はベルトより下を打つ反則であるローブロー（low blow）を打ち込まれ，倒れそうになります．そのまま倒れ込めば相手の反則負け，ジャックの勝ちです．しかし，彼は倒れそうになるのを必死にこらえ，「こいつのパンチがうっかりはずれただけだ」と審判に試合続行の意思を告げます．

(1) "It wasn't low," he said. "It was *a* accident."
　　（「ローブローじゃない．うっかりはずれただけだ」ジャックは
　　言った）

　　　　　　　　　　　　　　— Ernest Hemingway, "Fifty Grand"（1927）

私の目は *a* accident（偶然起きたこと）で止まりました．不定冠詞は子音の前では a，母音の前では an がきまりではありませんか．私はこれを an の誤植だと思いました．

スタインベックの『怒りの葡萄』 その後，ジョン・スタインベック（John Steinbeck, 1902-68）『怒りの葡萄』で同じような例に出

会いました．この小説は奇数章で背景を説明し，偶数章で話の筋を語る構成です．実質，物語の幕開けとなるのは第2章です．その第2章の冒頭です．田舎の幹線道路わき，小さな食堂の前に1台の大型トラックが駐車しています．垂直に立ち上がる排気筒からは音がもれ，排気ガスのにおいも漂っています．食堂の中ではなじみ客とみえるトラック運転手が1人だけのウェイトレスを相手に世間話をしています．

(2) "I seen him about three months ago. He had *a* operation. Cut somepin out. I forget what."
（「3か月ほど前かな，あいつに会ったのは．手術してな．切ったんだ．どこか忘れたけど」）

— John Steinbeck, *The Grapes of Wrath* (1939)

[注] I seen him = I saw him ❖なぜ seen なのかは第2章の「2.1 I seen / I done と言うのはなぜ」参照．

Cut somepin out. = They cut something out.

somepin = something ❖発音は［sʌ́m(ə)n］（サムヌ）または［sʌ́mp(ə)n］（サムプヌ）．

母音で始まる operation（手術）の前に a が現れています．これは *an* operation となるはずではありませんか．これも誤植でしょうか．

ところが，先を読み進めていくと，*a* argument / *a* egg / *a* elephant / *a* engine / *a* ice box / *a* orange といった例が続々と現れるのです．書き出してみると44例ありました．誤植であるはずはありません．では，「5万ドル」の a accident，そしてこの『怒りの葡萄』の a operation はどのように読めばいいのでしょう．この謎を解くには少しばかり不定冠詞の歴史をたどってみなければなりません．

不定冠詞の由来　不定冠詞は1を意味する数詞 ān（アーン）から生まれました．これはその後，意味が軽くなると同時に発音も軽く an（アン）と

なり，数詞から不定冠詞に性格を変えました．そして12世紀中頃，子音で始まる語の前ではnが落ち，aという形になりました．ただし，母音の前ではanという形がそのまま残り，不定冠詞にはa / anという2つの形ができることとなりました．

　さて，これで一件落着となれば話は簡単なのですが，実はそうでもなかったのです．英語には歴史上，複雑なしくみを捨て，簡単な形に姿を変える流れがありました．不定冠詞anからnが落ちたのもその流れの中で起きたものです．であるのなら，母音で始まる語の前であっても不定冠詞はいずれaに収束するはずではなかったでしょうか．

a に向かう流れ　実はそのような流れもあったのです．1665年，エリザベス・オクシンデン（Elizabeth Oxinden）という貴族の女性が姉に出した手紙が残っています．そこで彼女は次のように *a* earl's daughter（伯爵の娘）と書いています．

> （3）...; there is a Lady Sidny, *a* earl's daughter, ...
> （伯爵の娘でシドニー姫という方がおいでになります）
>
> ― Elizabeth Oxinden の手紙（1665）

　ところが翌年，同じ姉に出した手紙で彼女は *an* elle of hollond（リネンの生地1メートルほど）という言い方をしています．このelle（エル）は長さの単位，hollond（ホロンド）とはオランダ（Holland）由来の布の意です．不定冠詞がaとanに分かれてから約500年，エリザベスは母音で始まる語の前でaとanの両方を使っています．

『オリヴァー・ツイスト』では　エリザベスの手紙から170年後，チャールズ・ディケンズ（Charles Dickens, 1812-70）が小説『オリヴァー・ツイスト』を書いています．これは孤児オリヴァーの成長を描いた物語です．この小説の地の文でディケンズは母音の前に現れる不定冠詞はすべて an を使っています．しかし，登場人物のせりふでは a も使っているのです．それも人物によって使

い分けています．母音の前でaを使っているのは救貧院を担当する教区吏バンブルという男です．彼は *an* application（申し込み），*an* Angel（天使）という２例でanを使っている以外，他の14例ではすべて次のようにaを使っています．

(4) 'I shall take *a early opportunity* of mentioning it to the board, Mrs. Mann.'
（「マンさん，委員会にさっそく伝えておきますからな」）

— Charles Dickens, *Oliver Twist*（1838）

先に見たように12世紀中頃，不定冠詞anはaに変わりましたが，母音の前ではanという古い形が残りました．これは簡略化という英語の流れに逆らうように残ったものです．エリザベスの手紙の *a* earl's daughterは当時，aとanの間に揺れがあったことを示しています．そして，結局，貴族階級が話すような表舞台の英語では，子音の前はa，母音の前はanという区別が定着し，これが私たちが知る不定冠詞の用法につながりました．

ところが，庶民の間では不定冠詞は子音の前だけでなく，母音の前でもaに収束していきました．それがディケンズの『オリヴァー・ツイスト』に現れるバンブルのことばです．

方言では　母音の前でもaを使うのは決して特殊なことではありません．庶民の間では広く行われてきました．今から100年ほど前のイギリスで『英語方言辞典』（*The English Dialect Dictionary,* 1898-1905）という6巻本の辞書が世に出ています．編集したのは独学で言語学を学んだジョゼフ・ライト（Joseph Wright, 1855-1930）という人です．

この辞書では不定冠詞aについて次のように解説しています．

Used in place of **an** before a vowel or *h* mute.
（母音または黙字hの前でanに代えて用いる）

「黙字」（mute）というのは *hour* や *honest* の h のように綴りにあっても発音しない文字のことです．この h は発音しませんから，これらの語は実際は母音で始まります．そのため，*an* hour（1時間），*an* honest man（正直な男）のように an を使います．ところが，ライトの方言辞典では「母音または黙字 h の前で an に代えて［a を］用いる」としているのです．そして，その例としてイングランド南西部のウィルトシャー（Wiltshire）州で使われる *a* apple（リンゴ 1つ），イングランド南東部のサリー（Surrey）州で使われる *a* hour（1時間）という例をあげています．

　これが正しいことを示したのは，1950年から1961年にかけ，イングランドとウェールズを47の州と地域に分けて行われた「英語方言調査」（Survey of English Dialects）です．この調査では「エイプリルフール」をどのように言うかを調べています．その結果，27の州と地域で *a* April fool という言い方をしていることがわかりました．それを地図に落とし込んでみたのが図0.1です．母音で始まる語の前で不定冠詞 a を使うのはイギリス全土で広く行われている言い方です．ヘミングウェイの *a* accident，スタインベックの *a* operation という言い方はこのような英語に由来するものです．

母音の連続　ところで，英語の歴史を学んだ方はここで疑問をもたれるかもしれません．「なるほど，*a* April fool という言い方は不定冠詞が an から a に簡略化をたどった結果であると．しかし，不定冠詞に an が残ったのは母音の連続を嫌うという英語の性質のためで

図0.1　a April fool の分布
グレーで示した地域で a が使われていた

はなかったのかね．英語で apple のように母音で始まる語の前に a を使うと母音と母音が連続してしまう．それを嫌って an という形が残ったのではなかったのかね」[1]

　そのとおりです．しかし，これらの方言で使われる *a* apple，*a* hour では母音と母音の連続を避けるという英語の原則はやはり生きているのです．このような例では，a は「アッ」という感じに発音されます．この「ッ」は声帯の間の狭い隙間である声門を閉じ，急に開放したものです．これを声門閉鎖音（glottal stop）と言います．「アー，アッ，アー」と言って比べてみると，この違いを感じることができます．この *a* hour の発音は「アアワー」ではなく「アッアワー」です．つまり，a と hour の間に声門閉鎖を入れることで母音と母音の連続を避けているのです．

もうひとつの英文法　スタインベックの『怒りの葡萄』に登場する人々が話すような英語は教科書には現れません．しかし，それは歴史の表舞台には現れなくても，庶民の間では静かに力強く伝えられてきた英語です．そして，映画や小説で目にするのはそのような英語です．それは私たちが教科書で学ぶ英語とは別の「もうひとつの英語」，「もうひとつの英文法」です．

　教科書に現れる英文法も「もうひとつの英文法」も複雑なしくみを捨て，簡単な形に姿を変えるという簡略化の道をたどって今の姿になりました．どちらも簡略化という英語の歴史的発達をたどったものです．この「もうひとつの英文法」を知るには英語の歴史を少しばかりたどってみなければなりません．次章では英語の歴史を早送りして見ていきます．

---

[1]　くわしくは『英語の歴史から考える英文法の「なぜ」』第14章「定冠詞の謎：the はつけるの，つけないの」の「14. 1 指示代名詞から生まれた定冠詞」をごらんください．

I 英語のたどった道

英語の「なぜ」という疑問の答えは英語の歴史の中にあります．その歴史を早回しで見てみましょう．教科書で学ぶ英文法，そして「もうひとつの英文法」の手がかりがそこにあります．

英語の特徴
・複雑な格変化と屈折を捨てた英語
・格の意味が語順に移った英語
・複雑から簡潔に進んだ英語

1.1　複雑な屈折をもっていた英語

英語の始まり　西暦5世紀，日本で前方後円墳がつくられていた時代，ブリテン島はヨーロッパ文明の中心ローマから遠く離れた辺境でした．住んでいたのはブリトン人と呼ばれる人々です．西暦449年，そこに大事件が起きました．今であれば国連で安全保障理事会が緊急に招集され，CNN の特派員が派遣されるような大事件です．

当時，ブリテン島はローマの支配下にありました．しかし，力を失ったローマは西暦410年，ブリテン島から撤退します．するとそれに乗じて外敵の侵入が始まりました．ブリトン人の王ウィルトゲルンは一計を案じます．海の向こうの大陸からゲルマン人を呼び寄せ，土地を与えて外敵からの防御に当たらせようというのです．助勢の求めに応じてブリテン島にやってきたのはヘンゲストとホルサという兄弟が率いるゲルマン人です．彼らは来寇する外敵を駆逐するみごとな働きをしました．

ところが，その後，ゲルマンはブリトン人を裏切ります．彼ら

はブリテン島の肥沃な土地が大いに気に入りました。そして，ブリトン人，取るに足らずと大陸のゲルマンをさらに呼び寄せ，逆にブリトン人を駆逐する側に回ったのです。西暦449年，ヨーロッパ大陸北方からアングル，サクソン，ジュートと呼

図1.1　ゲルマンのブリテン島侵入とその経路

ばれる人々がブリテン島に侵入しました。彼らはブリトン人を西に西に追いやり，ついにブリテン島を手中におさめます。ここにブリテン島における英語の歴史が始まりました。

複雑だった英語　ゲルマンがブリテン島を手中におさめた449年頃から1100年くらいまでの英語を古英語（Old English）と言います。その特徴はなんといっても名詞・代名詞・形容詞・動詞の複雑な変化です。

　それがいかに複雑であったか，次の例で見てみましょう。ここには見慣れない þ という文字が見えます。これはゲルマンが使っていたルーン文字（Runes）というもので，[θ]，[ð]の音（つまり，現代英語の th の音）を表します。彼らはローマ文化の影響によりラテン文字を使うようになりました。しかし，英語の[θ]，[ð]に対応するラテン文字はありません。このため，この2つの音に対してはルーン文字の þ（thorn）を使いました。次の例にある meteþ（=meet）はその例です。この例には大文字 D に横棒を引いた Ð という文字も見えます。これはルーン文字 þ の大文字として使ったものです（= はそれぞれの語の現代英語の形を示したものです）。

(1) Ðone cyning meteþ se biscop.
   そ ネ キュニング メーテサ セー ビショブ

   = the　king　meets the bishop

þone そネ	冠詞. 単数対格.「その」.（=the）	
cyning キュニング	名詞（男性）. 単数対格.「王」.（=king）	
meteþ メータン	動詞. metan の 3 人称単数現在.「会う」.（=meet）	
se セー	冠詞. 単数主格.「その」.（=the）	
biscop ビショブ	名詞（男性）. 単数主格.「司教」.（=bishop）	

　現代英語の逐語訳は the king meets the bishop ですから,「王は司教に会う」と読めそうです. しかし, 実は逆で「司教は王に会う」がその意味です. なぜ, そうなるのでしょうか.

「格」の話　文の中で名詞や代名詞などが他の語とどのような関係に立つか, それを表すしくみを格（case）と言います. 日本語では「は／が・を・の・に」などの助詞がその働きをしています. 古英語では名詞・代名詞・冠詞などの変化形が格を表していました.

　「は／が」を主格（nominative），「を」を対格（accusative），「の」を属格（genitive），「に」を与格（dative）と呼びます. 対格と与格は後に融合してひとつになり, 現代英語では目的格（objective）と呼ぶようになりました. 属格というのは現代英語の所有格（possessive）にあたります. ただし, 古英語では所有格よりも広い使い方をしていたので属格という言い方をします.

　さて, 次は古英語の名詞 cyning（=king），biscop（=bishop）の格変化です. なんと複雑な変化でしょう.

表1.1 cyning（=king）の格変化

	単数		複数	
主格（は／が）	cyning	（—）	cyningas	(-as)
対格（を）	cyning	（—）	cyningas	(-as)
属格（の）	cyninges	(-es)	cyninga	(-a)
与格（に）	cyninge	(-e)	cyningum	(-um)

表1.2 biscop（=bishop）の格変化

	単数		複数	
主格（は／が）	biscop	（—）	biscopas	(-as)
対格（を）	biscop	（—）	biscopas	(-as)
属格（の）	biscopes	(-es)	biscopa	(-a)
与格（に）	biscope	(-e)	biscopum	(-um)

　表1.1，表1.2で語尾変化は同じです．名詞の格変化にはいくつか種類があったのですが，この2つは同じ類に属していたので語尾変化は同じです．さて，表1.1から cyning（=king）は単数主格または単数対格であるとわかります．表1.2からは biscop（=bishop）も単数主格または単数対格であるとわかります．これだけではどちらが主語かわかりません．

　定冠詞を見てみましょう．次は古英語の定冠詞・指示代名詞の格変化です．現代英語の定冠詞は指示代名詞から生まれたもので，古英語では定冠詞と指示代名詞の区別はあいまいでした．古英語では定冠詞にも主格・対格・属格・与格の区別がありました．次ではæという見慣れない文字が見えます．これはaとeを合わせた文字です．今でも Cæsar（［ローマの将軍］カエサル，英語読みは「シーザー」）のように使うことがあります．

表1.3　古英語の定冠詞

	男性	女性	中性
主格 (は／が)	se (セー)	seo (セーオ)	þæt (ザット)
対格 (を)	þone (ゾ ネ)	þa (ザー)	þæt (ザット)
属格 (の)	þæs (ザァス)	þære (ザーレ)	þæs (ザァス)
与格 (に)	þæm (ゼーム)	þære (ザーレ)	þæm (ゼーム)

　表1.1，表1.2で名詞 cyning (=king)，biscop (=bishop) は語尾を変化させることで格変化をしていましたが，表1.3の定冠詞は語形そのものを変化させて格変化しています．

　さて，Ðone cyning (=the king) の Ðone，すなわち þone (=the) は男性対格です．これに対し，se biscop (=the bishop) の se (=the) は男性主格です．ここから主語は se biscop (=the bishop) だとわかります．古英語では単語の格が「は／が・を・の・に」という関係を表していました．そのため，語順は日本語のようにゆるやかでした．

「屈折」の話　表1.1，表1.2でイタリックで示した語尾 -as, -es, -a, -e, -um を屈折 (inflection) と呼びます．語があたかも折れ曲がっているように見えることからの命名です．表1.3の定冠詞のように語尾でなく語形そのものを変化させるものも屈折です．現代英語の人称代名詞は I / my / me, we / our / us, he / his / him, she / her / her のように語形を変化させます．これも屈折です．

　動詞も屈折しました．用例 (1) に現れた meteþ は動詞 metan (=meet) の 3 人称単数現在の形です．動詞の屈折は名詞・代名詞・冠詞よりもさらに複雑でした．次は metan (=meet) の屈折の一部 (直説法現在・過去) です．

表1.4　動詞 metan (=meet) の活用

	現在		過去	
1人称単数	mete	(-e)	mette	(-te)
2人称単数	metest	(-est)	mettest	(-test)
3人称単数	meteþ	(-eþ)	mette	(-te)
複数	metaþ	(-aþ)	metton	(-ton)

　現代英語 meet の活用は meet / meets / met の3つだけです．名詞・代名詞・冠詞・動詞の複雑な屈折，これこそ古英語の最大の特徴です．

標準語のなかった古英語　さて，西暦449年，ブリテン島に侵入したアングル，サクソン，ジュートは集団ごとに各地に定住することとなりました．テムズ川をはさんでその北はアングル，南はサクソン，南東部はジュートが住み着きました．図1.2はそれを示したものです．この3つの部族のことばが英語なのですが，それらには少しずつ違いがありました．さらにまた近年の研究によれば，同じ部族の中でもことばに違いがあったと考えられています．ブリテン島で英語が話されるようになったそのとき，英語にはすでに方言（dialect）があったのです．

　いや，「方言」という言い方は正しくありません．この当時，ことばに標準語というものはありませんでしたから，方言という意識もありませんでした．地域によることばの権威というものはなかったのです．

　古英語時代のもっともよ

図1.2　古英語時代の王国

く知られた王様はアルフレッド大王（Alfred the Great, 849-899）です．彼は北方から侵入してきたデーン人と戦い，和議を結んで平和をもたらします．アルフレッド大王は軍事にすぐれ，学問を奨励した聡明な王様でした．彼は歴史書の編纂，学校の設立など大きな功績を残しました．イギリスの歴史の中で「大王」(the Great) と称されるのは彼だけです．当時，アルフレッド大王にゆかりの深い南部のウィンチェスター(Winchester) は文化の中心でした．それでもその地域の英語が特別な地位，権威をもつということはありませんでした．

1.2　屈折を落としていった英語

屈折の水平化　1100年頃から1500年頃までの英語を中英語（Middle English）と言います．日本では平安時代後期，貴族政治が終焉を迎え，鎌倉に幕府が開かれ，続いて室町に幕府が開かれた時代です．この頃，英語に大きな変化が起きました．古英語の複雑な屈折が同じ形にまとまっていったのです．

次は現代英語 king の古英語 cyning（キュニング）と中英語 king（キング）の格変化です．

表1.5　古英語 cyning（キュニング）と中英語 king（キング）の格変化

		古英語		中英語	
単数	主格	cyning	(—)	king	(—)
	対格	cyning	(—)	king	(—)
	属格	cyning*es*	(-*es*)	king*es*	(-*es*)
	与格	cyning*e*	(-*e*)	king	(—)
複数	主格	cyning*as*	(-*as*)	king*es*	(-*es*)
	対格	cyning*as*	(-*as*)	king*es*	(-*es*)
	属格	cyning*a*	(-*a*)	king*es*	(-*es*)
	与格	cyning*um*	(-*um*)	king*es*	(-*es*)

古英語 cyning (=king) には -es / -e / -as / -a / -um という5つの語尾変化がありました．それが中英語になると -es という同じ形に収束しています．これが現代英語の複数形の語尾 -(e)s，そして所有格の語尾 -'s の由来です．中英語では屈折が同じ形に統一されました．これを屈折の水平化（leveling）と言います．古英語を「屈折の時代」と呼ぶとするなら中英語は「水平化の時代」でした．

　次は前節で見た古英語を中英語で表したものです．単語の綴りは今の英語とほぼ同じですが，発音はローマ字読みです．

（2）The bishop meteth the king.
　　＝the bishop meets the king
　　（司教は王に会う）

　古英語の定冠詞には男性・女性・中性という文法的性，単数・複数の区別，そして複雑な格変化がありました．中英語ではこの複雑な屈折はすべて消え，the という単一の形に統一されました．先に見た古英語の例で「司教」が主語だとわかるのは se biscop（=the bishop）の定冠詞 se が主格であるからです．目的語が「王」だとわかるのは þone cyning（=the king）の定冠詞 þone が対格であるからです．しかし，上の中英語では定冠詞はいずれも the という同じ形です．もはや屈折によって格を表すことはできません．
　中英語では格の意味は語順が担うことになりました．すなわち，〈動詞の前は主語，動詞の後は目的語〉という現代英語の形ができあがったのです．

消えた屈折　さて，日本で1467年の応仁の乱を皮切りに戦国時代に入り，武士による日本統一が始まろうとする頃，英語にも次の大きな変化が起きようとしていました．中英語の後，1500年頃から1900年くらいまでの英語を近代英語（Modern English）と言います．シェイクスピア（William Shakespeare, 1564-1616）は初期近

代英語の代表です．近代英語は私たちが知っている英語にきわめて近いのですが，現代の英語と違いがないわけではありません．このため，現在使われている英語は近代英語と区別し，現代英語（Contemporary English）と呼びます．

　中英語では古英語の屈折が同じ形に収束する水平化が起きました．近代英語・現代英語ではその屈折が消失しました．古英語を「屈折の時代」，中英語を「水平化の時代」と呼ぶなら，近代英語・現代英語は「屈折消失の時代」と呼ぶことができます．

　次は古英語と現代英語で動詞 meet の現在形を比べたものです．

表1.6　動詞 meet の古英語と現代英語（現在形）

	古英語		現代英語	
1 人称単数	mete	(-e)	meet	(—)
2 人称単数	metest	(-est)	meet	(—)
3 人称単数	meteþ	(-eþ)	meets	(-s)
複数	metaþ	(-aþ)	meet	(—)

　古英語の複雑な語尾変化は現代英語ではことごとく消えています．その痕跡を残しているのは〈3単現〉，すなわち3人称単数現在 meets の語尾 -s だけです．現代英語の最大の特徴は屈折の消失です．英語は歴史上，複雑な屈折を落とし，ひたすら簡潔な形に向かって発達しました．

1.3　標準語と方言の誕生

標準語の芽生え　ちょっと不思議に思われるかもしれませんが，イギリスには長い間，首都というものはありませんでした．アルフレッド大王の時代，栄えたのは南部のウィンチェスターですが，政治を行う宮廷は各地を移動していたのです．1066年，ノルマン

の 征 服（the Norman Conquest）というイギリス史上最大の事件が起きます．大陸のノルマンディーを治めていたウィリアム（William, 1028頃-1087）が王位を

図1.3　ウィンチェスターとロンドン

主張してブリテン島に攻め入り，武力によりイングランドを平定したのです．

　ノルマンの征服以降，ロンドンが歴史の表舞台に姿を現します．テムズ川河畔に立つロンドン塔（the Tower of London）はウィリアムがイングランド平定後，要塞として建設したものです．これはその後，長く王の居城となりました．ロンドンの町を見おろす石造りの巨大な塔は王の威光を示すのに十分でした．その後，ロンドンは都市として大きく発展します．テムズ川河畔に位置するロンドンは交通の要衝で，14世紀，ヨーロッパにおける貿易・通商の一大拠点となっていました．

　ロンドンは文化的にも存在感を高めました．1476年，ウィリアム・キャクストン（William Caxton, 1422頃-1491）が大陸から印刷術をもたらし，ロンドンの西，ウェストミンスターで印刷業を起こします．彼が印刷に使ったのはロンドン地域で使われていた綴りです．以後，英語はロンドン地域で使われることばに統一されていきます．英語の標準語の誕生です．

方言の誕生　標準語の誕生とともに方言が生まれました．方言が生まれたというのはおかしな言い方ですが，方言は標準語に対するものですから，標準語という意識が起こらなければ方言という意識も生まれません．一般に方言と言えば，地域によることばの違いを指します．これを地域方言（regional dialect）と呼びます．

　しかし，ことばの違いは地域によるものだけではありません．

上流階級，労働者階級といった社会階層にも特有のことばがあります．日本でも江戸という同じ地域でありながら，武士，商人，職人ではことばが違いました．英語も同じです．同じロンドンでも上流階級のことばと労働者階級のことばには違いがありました．

　それをさらに複雑にしたのは18世紀半ばに始まる産業革命です．産業革命によりイギリスではマンチェスター，バーミンガム，リバプールなど新しい都市が起こり，そこに多数の労働者が集まりました．ロンドンも例外ではありません．当時，ロンドンは政治・経済の中心としてブリテン島各地と街道で結ばれ，さまざまな地方の人々がロンドンに集まっていました．そしてそこでは地方のことばと労働者階級のことばが混じり合うこととなりました．このような社会階層によることばの違いを地域方言に対し，社会方言（social dialect）と呼びます．

アイルランド英語　英語の大きな特徴は他文化との接触により発達を遂げたことです．英語が使われたのはイングランドだけではありません．英語はアイルランド，スコットランド，ウェールズにも広がりました．さらに大西洋を越えてアメリカ大陸にも広がりました．

　アイルランドはイギリス最初の海外植民地です．アイルランドの先住民はケルト（Celts）と呼ばれる人々で，そのことばはゲール語（Gaelic）です．イギリスの植民地となったアイルランドではゲール語の影響を受けたアイルランド英語が生まれました．そのアイルランド英語はアメリカ大陸に伝わり，アメリカ英語にアイルランドの彩りを与えることになりました．

黒人英語　アメリカ英語を語るうえで見落とすことができないのが黒人英語です．黒人の奴隷貿易は16世紀以降ヨーロッパで行われていました．イギリスも例外ではありません．イギリスの首相として有名なウィリアム・グラッドストーン（William Gladstone, 1809-98）の父，ジョンは西インド諸島における黒人奴隷による

農場経営で財を成した貿易商です．北アメリカとの奴隷貿易が始まる以前，アフリカ西海岸では英語と現地のことばが出会い，そこに新しい英語が生まれていました．1807年，イギリスで奴隷貿易が禁止されると，その舞台はアメリカ大陸に移りました．黒人英語はアフリカ西海岸で生まれ，西インド諸島で育ち，さらにアメリカ大陸で成長しました．

ピジンとクリオール　異なる言語を話す人々が出会うと，そこに不思議なことが起こります．ことばが混じり合い，新しいことばが生まれるのです．異なったことばを話す人が出会い，商売などの必要からどうしても意思を通じさせなければならない場合，人は限られた単語を使い，文法を無視した言い方でやりくりします．このようにして生まれたことばをピジン（pidgin）と言います．ピジンとは business の中国語なまりです．英語に Long time no see.（久しぶり）という言い方があります．しばらく会わなかった人に会ったとき，あいさつのように使います．これはアメリカ先住民によるピジン英語とされます．また，南方の中国語に「長い間会っていない」という意味で「好久不見」（ハオチウプーチェン）という言い方があることから中国語に由来するとの見方もあります．ピジン英語はその場の必要から生まれたものですから，だれの母語でもありません．

　ところが，そのピジンが次の世代に引き継がれていくと，それを母語とする世代が生まれます．このようにして代々，受け継がれ，母語としての性格をもつようになったピジンをクリオール（Creole）と呼びます．クリオールとされることばは西インド諸島，アフリカ西海岸，東南アジアなどに広く見られます．

　次はハワイのクリオールの例です．ハワイは先住の人々の他，日系，中国系，アングロサクソン系，ポルトガル系などの人々が集まる民族の交差点で，そこでもクリオールが発達しました（＝で示したのは標準的な英語に直したものです）．

（3）He no　come　today, yeah?
　　= He isn't coming today, is he?
　　（彼，今日は来ないよね）

　　　　— Elizabeth Ball Carr, *Da Kine Talk: From Pidgin to Standard*
　　　　English in Hawaii（1972）

　主語は 3 人称単数の he ですが，動詞 come に -s はついていません．この come だけで進行または未来の意味を表し，その前に no をつけて否定の意味を表しています．文末の yeah は付加疑問の意味です．このように文法が混じり合い，簡略化されるのがクリオールの特徴です．

標準と非標準　地域方言や社会方言，そしてクリオールはそれらを使う人にとっては日常のことばですが，公の場面にはなかなか姿を現しません．それはこのようなことばがウチのことば，つまり家族や友だちの間で使うことであるからです．標準語が生まれ，それが学校教育や印刷などで使われるようになると，地域方言や社会方言は社会の後景に退きます．

　しかし，それは消えたわけではありません．そのようなことばは日々の営みの中で次の世代に引き継がれ，絶えることなく伝えられ，発達してきました．小説や映画に現れるのはそのようなことばです．くわしくは第10章「圧力に屈した英文法」で見ていくのですが，標準語は標準語であるがゆえに，「ことばはかくあらねばならぬ」という無形の圧力を受けてきました．そのため，往々にして本来の発達がゆがめられた側面があります．これに対し，庶民のことばはそのような圧力とは無縁に，のびのびと発達しました．

　地域方言や社会方言，そしてこれから折に触れて取り上げるアイルランド英語は決して私たちが学校で学んできた標準英語と別物ではありません．このようなことばを使う人々と標準語を使う

人々はたがいに理解することができます．そのことばの差は実は
とても小さいのです．そのようなことばに触れて私たちが驚くの
は一部の違いに目を奪われるからです．標準語も地域方言も社会
方言も根幹は同じです．語順は〈主語＋動詞＋目的語〉という
英語の語順の大原則をはずすことはありません．いずれも複雑な
形から簡略化へという大きな流れに沿って発達してきました．

　ただし，黒人英語だけは少しだけ別の目で見なければなりませ
ん．それは黒人英語はクリオールという特別な経験を経て成立し
たものだからです．黒人英語は標準英語とは別の言語であるとす
る見方も有力です．このため，本書では黒人英語だけ別に章を設
けています．

　地域方言や社会方言は言語として決して劣ったものではありま
せん．しかし，「方言」という言い方にはどうしても価値判断が
ついて回ります．このため，学術的には「方言」ということばを
避け，「標準」「非標準」という言い方をします．学校教育や放送
で使われ，外国人が目標とするようなことばを標準（standard），
それ以外を非標準（nonstandard）と呼びます．標準・非標準とい
うのは価値判断を含まない，中立的な言い方です．ここからは私
たちも標準・非標準という言い方で話を続けていくことにしま
しょう．

✤ 英文法こぼれ話 ✤　現代英語に残る古英語

　映画や小説では思いがけないところに古英語の面影が顔を出すことがあります．映画『34丁目の奇蹟』はサンタクロースは存在するかどうかが裁判で争われるという奇想天外な話です．自分はサンタクロースだと名乗る老人クリス・クリングルが裁判で証言台に立ちます．そのクリスに対し，廷吏が宣誓書を読み上げ，同意を求めます．

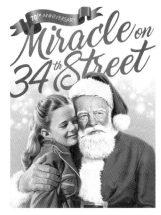

図1.4　映画『34丁目の奇蹟』

> Bailiff: You do solemnly swear that the testimony you are about to give in the cause before this court shall be the truth, the whole truth, and nothing but the truth, *so help you God*?
>
> 　Kris: I do.
>
> 廷吏：本審理の法廷において行う証言は真実であり，真実のすべてであり，真実以外の何ものでもないことを誓いますか．神の名にかけて．
>
> クリス：誓います．
>
> 　　　　　　　　　　　　　　— 映画 *Miracle on 34th Street*（1947）
>
> 　〔注〕cause　訴訟

　廷吏の最後のことば so help you God の主語は God，動詞は help，目的語は you です．これは古英語の語順です．現代英語の語順に直せば so God help you です．この help は祈願を表す

仮定法現在なので〈3単現〉の -s はついていません.

　この例では廷吏が証人に宣誓書を読み上げているので so help *you* God と you を使っていますが, 自分で宣誓する場合には so help *me* God と言います. これは法廷だけでなく, アメリカ大統領が就任式で宣誓を締めくくるときのことばでもあります. 今では儀式的な言い方です. 儀式的な言い方であることから古英語の語順が残りました.

　ところで, どうして so help me/you God が「神の名にかけて」という意味になるのでしょう. これは魂の救済という宗教的考え方が背景にあるようです. 魂の救済は最後の審判において決められます.「嘘偽りを言わず, 真実を語りますので, 神よ, [最後の審判にあっては] 力をお与えください」という気持ちが背景にあったとされます. しかし, 今ではその由来の記憶も薄れているようです.

2　動詞と時制の謎：驚きの過去形・現在完了形

　映画や小説の英語には私たちが習った動詞の過去形とは違う形で現れるものがあります．現在完了は have / has を使わない言い方も現れます．

英文法の「なぜ」

・I *seen* / I *done* で過去を，I *been* で現在完了を表すのはなぜ．

・アメリカ英語で過去形を使って現在完了を表すのはなぜ．

・過去形に knew でなく know*ed* を使うのはなぜ．

2.1　I seen / I done と言うのはなぜ

過去形に使う seen　プロローグでスタインベックの『怒りの葡萄』に現れる "I *seen* him about three months ago."（3 か月ほど前かな，あいつに会ったのは）という例を見ました．この seen は see の過去形として使われたものです．このように seen を過去形に使う例は映画や小説には頻繁に現れます．

　次はアクション・コメディ映画『ラッシュアワー』からの例です．クリス・タッカー（Chris Tucker, 1971-）扮するロサンゼルス市警の黒人刑事カーターが相棒といっしょに現場に張り込んでいます．怪しい人物に気づいた彼が相棒に耳打ちします．ここで seen を saw に置き換えれば私たちが教わった英語になります．

　（1）　Carter: Hey, wait a minute. I *seen* that guy at that Chinese restaurant.

　　　　カーター：ちょっと待て．あいつ，例の中華飯店で見たやつだ．

　　　　　　　　　　　　　　　　　　　　　　　　— 映画 *Rush Hour*（1998）

なぜこのような言い方をするのか，その謎解きの前に他の例も見ておきましょう．

done と come　この seen と同じように done / come も過去形として使われることがあります．次はミュージカル映画『マイ・フェア・レディ』からの例です．ロンドンの花売り娘イライザの話すことばはコックニー（Cockney）と呼ばれる非標準英語です．音声学者ヒギンズは彼女をレディーに仕立てる賭けに乗ります．厳しい訓練に堪えたイライザは人前に出られるほどになりました．しかし，ヒギンズは彼女を人間らしく扱おうとはしません．イライザが思いあまって訴えます．

(2)　　　Eliza: What I *done* ... what I *did* was not for the taxis
　　　　　　　and the dresses, but because we were pleasant
　　　　　　　together and I *come* to ... *came* to care for you.
　　　　イライザ：努力をしたのはタクシーに乗りたいからではありま
　　　　　　　せん．服がほしいからでもありません．あなたと
　　　　　　　いっしょにいるのが楽しくて，そして，あなたが好
　　　　　　　きになったから．

　　　　　　　　　　　　　　　　　　　— 映画 *My Fair Lady*（1964）

　イライザは what I *done* と言って，すぐに what I *did* と言い直しています．また，I *come* と言ってすぐに I *came* と言い直しています．高ぶる気持ちから思わず非標準の自分のことばで話したものです．

話しことばでも　これは非標準英語とされるのですが，アメリカ英語では話しことばで広く使われます．次はアメリカの新聞記事の例です．ダネット・ギルツさんにはロニーという10歳になる息子がいます．彼女に思いがけなく三つ子が生まれました．そのうち1人は男の子です．ずっと弟がほしいと願っていたロニー君は大はしゃぎです．そのロニー君が記者に語ったことばです．

(3) "One time I *seen* a shooting star and I wished for a baby
    brother, ..."
（前に流れ星を見たの．それで弟がほしいってお願いしたの）

— 新聞 *The USA Today*（August 18, 2019）

非標準英語の過去形　英語の歴史は屈折を落とす歴史でした．そ
して，それはひたすら簡潔な形に進んできました．第1章の表
1.4で見た古英語の動詞 metan（=meet）の活用を覚えておられま
すか．現在形も過去形も複雑な形をしていました．それが現代英
語では現在形は meet と meets，過去形は met というとても簡単
な形に収束しています．過去分詞も過去形と同じ met です．過
去形と過去分詞が同じ形に収束したものには他にも hear / *heard* /
heard, keep / *kept* / *kept* など数多くあります．上の用例（1），（2），
（3）で見た seen / done / come はこれらと同じく過去分詞と同じ
形に収束した過去形です．

　次は標準英語と非標準英語で動詞の基本形・過去形・過去分詞
を比べたものです．

表2.1　動詞の基本形・過去形・過去分詞

標準英語			非標準英語		
基本形	過去形	過去分詞	基本形	過去形	過去分詞
see	*saw*	seen	see	*seen*	seen
do	*did*	done	do	*done*	done
come	*came*	come	come	*come*	come

　この活用はアイルランド英語由来とされます．この過去形はア
イルランドからアメリカに大量に移民が到着した1840年代以降，
アメリカに広まりました．なお，come / done / seen などを過去
形に使うのは黒人英語にもみられます．

　犯人探しを中心とする推理小説を別名 whodunit［huːdʌ́nɪt］と

言います．Who done it?（それ［犯罪］を行ったのはだれだ）から
きたもので，この done も過去形です．これは whodonnit と綴る
こともあります．

2.2 been だけで現在完了を表すのはなぜ

現在完了を表す been 非標準英語で been は単独で標準英語の
have been と同じ現在完了を表します．このよく知られた例は
マーク・トウェイン（Mark Twain, 1835-1910）『ハックルベリー・
フィンの冒険』の最後の文です．物語の最後でサリーおばさんは
ハックを養子にして，「良い子」に育てようとします．しかし，
自由を求めるハックにとってそんな生活はがまんできません．

(4) ... Aunt Sally she's going to adopt me and sivilize me, and I
   can't stand it. I *been* there before.
   （サリーおばさんはおいらを養子にして良い子にするつもりだ．
   たまったもんじゃない．そんな生活はこりごりだ［←そのよう
   な生活はもう経験した]）
            ― Mark Twain, *Adventures of Huckleberry Finn*（1884）
   ［注］Aunt Sally she 「サリーおばさんは」❖この言い方につ
        いては第 4 章の「4.4 Tom Sawyer he のように言うの
        はなぜ」参照．
        sivilize 正しい綴りは *civilize*（文明化させる）．学校に
        通わないハックの満足でない教育を表すとともに，大人
        の言う「文明化・教化」のうさんくささを揶揄したもの
        ともとれます．

   このように been 単独で現在完了を表す言い方は非標準とは
いうものの，くだけた話しことばには広くみられます．次は野
球に明け暮れる少年たちを描いた映画『サンドロット／僕らが

いた夏』からの例です．プール監視員の女子高生に恋した小学生のスクインツ．おぼれたふりをして女子高生から人工呼吸を受けます．計略に気づいて怒った彼女からスクインツは逃げ出します．友だちのハムもいっしょです．

(5) 　　　　　Ham: Did you plan that?
　　　　　　Squints: Of course I did. I *been* planning it for years.
　　　　　ハム：計画だったのか．
　　　　スクインツ：もちろんだ．ずっと前から考えていたんだ．
　　　　　　　　　　　　　　　　　　　　　　　　　— 映画 *The Sandlot*（1993）

　このスクインツのことばは標準英語では I *have been* planning it for years. となるはずのものです．

由来の謎　なぜ been 単独で現在完了の意味に使うのか，その由来はよくわかりません．I've been［aɪvbɪn］のような縮約から［v］が落ちたと見るのは簡単です．しかし，I been / she been のような言い方は広く定着していて，独立した文法形式をなしているとも考えられるのです．

　キャスリン・ストケット（Kathryn Stockett, 1969–）に『ヘルプ 心がつなぐストーリー』（*The Help*, 2009）という小説があります．1960年代，白人家庭でメイドとして働く黒人女性の哀感を描いた作品で，せりふは黒人英語が中心です．主人公の黒人女性エイビリーンはこの小説で I been という言い方を16回使っているのですが，I've been または I have been という言い方は使っていません．エイビリーンにとっては I been は標準的な文法なのです．これに対し，黒人メイドの窮状に心を寄せる若い白人女性スキーターは I've been という言い方を15回使っているのですが，I been という言い方はしていません．

　では，これは黒人英語かというとそうとも言えません．上の用例（5）は白人小学生のことばです．これをアイルランド英語由

来とする見方も根強くあります．同じ非標準英語とは言っても黒人英語，アイルランド英語，地域方言には文法が重なるところが数多くあります．標準英語のくだけた言い方と共通するものもあります．どれがどれに影響を与えたのか，それを見極めることはなかなかむずかしいことです．

2.3　過去形が knowed なのはなぜ

knowed という過去形　マーク・トウェインの『ハックルベリー・フィンの冒険』は非標準英語の宝庫です．これは1840年代のミシシッピー川南部流域を舞台とした物語です．登場人物は主人公のハックと黒人奴隷のジム，公爵，王様と名乗るイカサマ師などの庶民，そして使われているのはミシシッピー川南部流域のことばです．語り手はハックですから，地の文も会話もすべて土地の話しことば，究極の言文一致体です．

　この物語では know の過去形は knew ではなく knowed という形で現れます．その数は94回．これに対し，knew は 2 回しか現れません．94回現れる knowed の79例（84%）がハックのことばです．町を逃れ，川の中州の島に隠れるハックとジム．2 人の前に数羽の鳥が降りては飛び立ちます．これを見てジムは雨の降る兆しだと言います．ジムはこのような迷信をたくさん知っているのです．ハックが地の文で語ります．

(6) Jim *knowed* all kinds of signs. He said he *knowed* most everything.
　　（ジムはいろんな兆しを知っていた．たいていのことは知っていると言うのだ）

　　　　　— Mark Twain, *Adventures of Huckleberry Finn*（1884）
　［注］most = almost

このように過去形に knowed を使うのはハックだけではありません．医者もハックを養子にしようとするサリーおばさんも knowed を使っています．

なぜ knowed なのか　動詞の過去形には laugh / laugh*ed*, judge / judg*ed* のように語尾に -(*e*)d をつける規則変化，sing / s*a*ng, dr*i*ve / dr*o*ve のように母音を変化させる不規則変化があります．現代英語では規則動詞（regular verb），不規則動詞（irregular verb）と言いますが，古英語では弱変化動詞（weak verb），強変化動詞（strong verb）という言い方をします．

　英語は古英語以来，複雑な屈折を捨て，単純化の道を歩んできました．この力は強変化動詞にも及び，多くの強変化動詞が弱変化動詞（規則動詞）に形を変えました．英語学者フリーズ（Charles C. Fries, 1887–1967）は古英語の強変化動詞で今も英語に残るものを195語と数えています．そして，そのうち129語，実にその3分の2が弱変化動詞（規則動詞）に形を変えています（*American English Grammar*, 1940）．現代英語の規則動詞 climb / glide / help / reach / step / walk / wash / work などは元は強変化動詞でした．

　プロローグで触れたイギリスの「英語方言調査」（Survey of English Dialects）によれば，47の州と地域のうち，35の州と地域で knowed という過去形が使われています．非標準英語では know は規則動詞に姿を変えたのです．私たちが知っている過去形 knew は単純化をめざす英語の歴史的な流れに抗するように今に残った古い形と言えます．

　『ハックルベリー・フィンの冒険』にはこの knowed の他にも次のような過去形が現れます．

catched（=caught）「捕らえた」		19回
waked（=woke）「目を覚ました，覚まさせた」		16回
throwed（=threw）「投げた」		9回

blowed（=blew）「(風が) 吹いた」　　　　　　　　7回
drawed（=drew）「(絵などを) 描いた」　　　　　　4回

knowed と knew の使い分け

knowed と knew の使い分け　『ハックルベリー・フィンの冒険』では know の過去形は knowed です．しかし，不思議なことに knew という形も2回だけ使われています．マーク・トウェインはこの knew をうっかり使ったわけではありません．

　この knew を2回使っているのはイギリスのビルジウォーター公爵の長男と名乗る，年齢30歳前後の男です．ただし，公爵（duke）とは真っ赤な嘘，その正体はイカサマ師です．彼はもう1人のイカサマ師と組んで町で演劇公演と称するひと芝居を打ちます．初日，2日目，インチキな芝居で客をだまします．3日目，仕返しに集まってくる客の裏をかいて2人は逃げ出します．その「公爵」が客を笑うことばです．

(7)　"Greenhorns, flatheads! *I knew* the first house would keep mum and let the rest of the town get roped in; and I *knew* they'd lay for us the third night, and consider it was *their* turn now."

（「青二才のうすばかどもが．こちとら，お見通しだ．初日に来た客は口をつぐんでおいて，町の他のやつらをおびき出す．そして3日目には待ち構えておいて，今度は仕返しをする番だと考えるとな」）

　　　　　— Mark Twain, *Adventures of Huckleberry Finn*（1884）

　[注] 原文では最初の I と their は強調のためイタリック．
　　　　greenhorn　経験の浅い人／flathead　間抜けな人
　　　　house　劇場の観客全員／keep mum　だまっている
　　　　get roped in　おびき寄せられる
　　　　lay for ...　…を待ち伏せする

過去形 knew を使っているのはこの「公爵」だけです.「公爵」
はイカサマ師ではあるのですが, 登場人物の中では一番のインテ
リです. 彼は「生くべきか死ぬべきか」で始まるシェイクスピア
のハムレットの独白25行に『マクベス』と『リチャード3世』か
らの引用を折り込み, もっともらしい独白をつくり上げます. そ
して,「王様」と称するもう1人のイカサマ師にその演技をつけ
る腕をもっています. 黒人奴隷のジムは公爵であると心底信じて
しまいます.「公爵」が knowed でなく knew を使うのは彼が庶
民ではなく, 高貴の出と見せるしかけです.

見えなくなった knowed　本節の冒頭でも触れたように, この
knowed は『ハックルベリー・フィンの冒険』には94回現れます.
スタインベックの『怒りの葡萄』にも64回現れ, 非標準英語とし
て頻度の高い単語です. しかし, 公の場面では knowed という過
去形を目にすることはほとんどありません. それは非標準英語で
あることで裏に隠れてしまったからです.

　それでも, その knowed も話しことばがそのまま記録されたも
のには文字として表に現れます. 次は裁判記録の例です. 2006年,
テネシー州で男性が殺害され, その妹が負傷させられるという事
件が起きました. 犯人として逮捕されたのはアダム・ブラジール
という当時24歳の白人男性です. 彼は終身刑の判決を受け, 服役
しました. しかし, 証拠はなく, 有罪の根拠とされたのは被害者
の白人女性ベッキー・ヒルの証言だけでした. それも写真を何枚
か見せられ,「この中に犯人はいるか」と問われて答えたものに
すぎません. 後に行われた再審でブラジールは無罪となりました.

　次は予審でブラジールの弁護人デイヴィスが被害者ベッキー・
ヒルに対して行った証人尋問です.

(8)　　　Davis: Okay. And after the line-up did you give them a
　　　　　description?

Hill: You know, once I seen the picture I *knowed* him.

デイヴィス：で，写真による首実検の後で犯人の特徴を警察に話したのですか．

ヒル：だって，写真，見ただけでこの男だとわかったんです．

— 裁判記録 Adam C. Braseel v. State of Tennessee

［注］I seen = I saw ❖この言い方については本章の「2. 1 I seen / I done と言うのはなぜ」参照．

　この予審でベッキー・ヒルは「わかった，知った」と 3 回，陳述しているのですが，すべて knowed という過去形を使っています．裁判記録であるため，話しことばがそのまま文字になったものです．新聞記事でも人のことばをそのまま引用したものには knowed が現れます．

2. 4　過去形で現在完了を表すのはなぜ

過去形と現在完了　英語を学ぶと過去形と現在完了の使い分けをきっちりと教わります．ところが，アメリカの映画や小説には現在完了を使うはずのところに過去形を使う例がよくみられます．

　次は致命的な負傷から奇跡の復活を遂げた野球選手を描いた映画『ナチュラル』からの例です．ナチュラル（natural）とは「天賦の才能の持ち主」という意味です．リーグ戦優勝がかかった最後の試合，チームは 2 対 0 でリードされています．9 回裏 2 アウト，ランナー 1 塁，3 塁．打席に立ったハブスは 2 ボール，2 ストライクと追い込まれます．次の投球，ハブスが渾身の力を込めて振ったバットに当たったボールは外野の照明灯に向かってぐんぐん伸びていきます．実況するアナウンサーはほとんど絶叫です．

(9)　　Announcer: It's way back, high up in the air! He *did* it!
　　　　　Hobbs *did* it!

　　アナウンサー：伸びる，伸びる．高いぞ．やりました．ハブス，
　　　　　やりました．

― 映画 *The Natural*（1984）

私たちが教わった英文法では He's *done* it! と現在完了になるとこ
ろで，ここでは「完了」の意味を表しています．

　このような過去形は「…したことがある」という「経験」の意
味でも使われます．次は詐欺師たちの痛快な活躍を描いた映画
『スティング』からの例です．詐欺師ブードローの経営するバー
に客を装った刑事が入ってきます．ブードローと仲間の詐欺師ツ
イストが 2 階の部屋の隠し窓からその様子をうかがっています．

(10)　　Boudreau: Twist, you know this guy?
　　　　　Twist: No, I never *saw* him before.

　　ブードロー：ツイスト，こいつを知っているか．

　　　ツイスト：いや，見たことはない．

― 映画 *Sting*（1973）

　ツイストのことばは私たちが教わった英文法では No, I *have*
never *seen* him before. となるはずのものです．このような例で
は過去形とともに never / ever / before / already などの語がよく
現れます．

　このように過去形を現在完了のように使うのはアイルランド英
語の影響とする見方があります．アイルランドのことばゲール語
（Gaelic）には英語の〈have+ 過去分詞〉という形の現在完了にあ
たる言い方がありません．そのため，アイルランド英語では過去
形と現在完了の区別があいまいになりました．それがアイルラン
ドからの移民によりアメリカにもたらされたとされます．

2.5 Are you finished? のように言うのはなぜ

Are you finished?　大学を出てしばらく英語学校で教師をしていたときのことです．そこには陽気なアメリカ人講師がいました．ある日，帰り支度をすませ，教員室を出ようとしたところに，外からアメリカ人講師が戻ってきました．彼は私を見て "*Are you finished?*" と声をかけました．この言い方に出会ったのはこのときが初めてです．「（仕事は）もう終わったのか」という意味であることは場面からわかりました．そして，これが英語でよく使われる言い方であると知ったのは後になってからのことです．レストランで店員は空になった皿を下げるとき，Are you finished?（［食事は］もうお済みですか）と聞きます．

　これはどうにも納得のいかない表現です．受動態と解すると「あなたは終えられていますか」というおかしな意味になります．では，finish を自動詞と解し，〈be+ 自動詞の過去分詞〉という形で完了した状態を表すと考えてはどうでしょう．英語には Winter *is gone*, and spring *is come*.（冬が過ぎて，春が来た）のようなやや古風な言い方があります．これは古英語で come / go / rise などの自動詞を〈be+ 過去分詞〉という形で使い，完了した状態を表した言い方が今に残ったものです．

　しかし，この finish を come / go / rise と同じようにとらえるのもすっきりとはしません．それは動詞 finish は14世紀，「終える」(to bring to an end) という意味でフランス語から英語に入ってきた外来語で，古英語由来の動詞ではないからです．英語辞書もこの finished は扱いかねたとみえ，言い方は悪いのですが，たいてい形容詞という説明で逃げています．

be finished という言い方　しかし，この finished を形容詞とすると理解できない例があります．次はヘミングウェイの短編「汽車の旅」からの例です．朝，これから父と旅に出る14歳の少年.

語り手の彼が靴のひもを結び，身支度をしている場面です．

(11) It was cold and I tied my other shoe and *was finished dressing*.

　　　（寒い日だった．靴のひもをもうひとつ結ぶと，ぼくは身支度が整った）

　　　　　　　— Ernest Hemingway, "A Train Trip"（死後1987年に出版）

　ここで finished を他動詞と解し，was finished を受動態と見ると dressing が宙に浮いてしまいます．自動詞と解し was finished で完了と見ても dressing が宙に浮いてしまいます．形容詞と解しても dressing が宙に浮いてしまいます．

由来はアイルランド英語　この不思議な言い方はアイルランド英語由来とみられます．アイルランド英語では完了した状態を表すのに〈be＋自動詞の過去分詞〉という言い方をとてもよく使います．アイルランド系の作家フランク・マコート（Frank McCourt, 1930-2009）に『アンジェラの灰』という自伝的小説があります．これはアイルランド英語であふれた作品です．この小説には gone は85回現れます．この中には she's gone のように has の縮約か is の縮約か区別できないものなどが含まれています．これらを除いて，be を使った完了，have を使った完了の数を比べると次のようになります．

　　are / is / be gone　　46回

　　have / had gone　　　3回（has gone は現れない）

　次はその例です．舞台はアイルランドの町リムリック．ろくでなしの父のため一家は極貧の生活です．金曜日の給料日，夕刻，近所からは夕食のにおいが流れてきます．しかし，父が給料を持って帰るまでは一家は夕飯の材料を買うこともできません．後でわかるのですが，父親はもらった給料で酒を飲んでいたのです．

夕食を終えた近所の人々は映画やパブに出かけますが，一家は空腹をかかえて帰らぬ父を待つばかりです．語り手は長男である子どもです．

（12） The women *are gone* to the cinemas, the men are in the pubs, and still Dad isn't home.
（女の人は映画館に，男はパブにでかけた．でも父ちゃんはまだ帰らない）

— Frank McCourt, *Angela's Ashes: A Memoir*（1996）

標準英語では The women *have gone* to the cinemas となるところです．

アイルランド英語の研究者マルク・フィルプラ（Marrku Filppula）はこの言い方の背景にはアイルランドの元来のことば，ゲール語の影響があったとしています．ゲール語には〈have+過去分詞〉という英語の現在完了にあたる形がなく，完了を表すには英語の be 動詞にあたる語を使います．このため完了形は〈be+自動詞の過去分詞〉という形でアイルランド英語に入りました．また，イギリスでも18世紀初頭まで，完了の意味では自動詞を使った〈be+過去分詞〉という言い方が広く使われていて，have を使う形よりもふつうだったのです．それがアイルランド英語で完了形に be を使う追い風になりました（*The Grammar of Irish English*, 1999）．その後，イギリスの標準英語では〈be+過去分詞〉で完了を表すのは古風な言い方になりました．しかし，アイルランド英語では be 動詞を使う形が残りました．

アイルランド英語には〈have+過去分詞〉という形で入るはずの完了形が〈be+過去分詞〉という形と混じり合って入ったようです．その目で用例（11）の I tied my other shoe and *was finished dressing.* の was を had に代えて読むと，I tied my other shoe and *had finished dressing.* となってするりと読むことができ

ます．ただし，元の was finished は had finished と比べて，意味の重点が靴ひもを結び終えた，その完了した状態にありますから，意味は同じではありません．

be done という言い方も　この〈be finished〉と並んでよく目にするのが〈be done〉という言い方です．これも「…するのを終えた」という完了の意味を表します．次はビル・ビバリー（Bill Beverly, 1965–）のロードノベルにして犯罪小説『東の果て，夜へ』からの例です．ロサンゼルスの麻薬組織で働く4人の黒人少年．裁判の証人の口封じを組織に命じられます．車でウィスコンシンに出向いた彼らは証人を射殺します．逃亡の途中，証拠となる銃を処分するかどうか論争する場面です．

（13）"How we gonna know if we're *done shooting*?"
　　　"I'm *done shooting*," said East.
　　　（「銃はもういらない［←銃を使うのは済んだ］なんてどうして言える」
　　　「おれはもういらない［←銃を使うのは済んだ］」イーストが言った）

　　　　　　　　　　　　　　　　　　— Bill Beverly, *Dodgers*（2016）

　　　［注］How we gonna know = How are we going to know ❖疑問文のこの言い方については第7章の「7. 1 What you doing? と言うのはなぜ」参照．
　　　　　　gonna = going to ❖第9章の「9. 3 gonna / wanna / dunno と綴るのはなぜ」参照．

これもアイルランド英語由来とされ，アメリカ英語によくみられる言い方です．

❧ 英文法こぼれ話 ❧　アメリカ英語はアイルランドの香り

アイルランドとイングランド　別名「エメラルドの島」（Emerald Isle）と呼ばれるアイルランドはその名のとおり緑豊かな島です．住民はケルト（Celts）と呼ばれる人々で，彼らの元来のことばは英語とは語系の異なるゲール語（Gaelic）です．5世紀半ば，後，アイルランドの守護聖人（patron saint）となる聖パトリック（St. Patrick）の布教によりキリスト教が広まると，エメラルドの島にローマ・カトリックの豊かな修道院文化が生まれました．

　しかし，アイルランドの歴史は苦難の歴史でした．隣には強大なイングランドが控えています．その圧力の下，12世紀後半にはイングランドの支配下に入りました．当初，ゆるやかだった支配も徐々に厳しいものに変わります．とりわけ，16世紀，ヘンリー8世の下でイングランドがプロテスタント化すると，アイルランドとイングランドの対立は決定的なものとなりました．

　アイルランドはイギリスの海外における最初の植民地です．植民地アイルランドではゲール語は徐々に英語に駆逐されていきました．現在，アイルランドでは第1公用語がゲール語，第2公用語が英語と定められています．道路標識もゲール語と英語の両方です．しかし，2016年の国勢調査では日常的にゲール語を話すと答えた人は2%に満たない数でした．

　アイルランドで話される英語は

図2.1　高速道路出口の標識．斜体がゲール語，その下が英語

ゲール語の影響を受けたもので Irish English または Hiberno<ruby>ハイバーノ</ruby> English と呼ばれます．Hiberno<ruby>ハイバーノ</ruby> とはアイルランドを意味するラテン語 Hibernia<ruby>ヒベルニア</ruby> の連結形で「アイルランドの」という意味です．

アイルランド系移民　この章で見た I *seen*（=I saw），I *done*（=I did）はアイルランド英語由来の文法とされます．アメリカ英語にはアイルランド英語由来の文法が広くみられます．アメリカ英語ではイギリス英語で shall を使うところに will をよく使います．これもアイルランド英語由来です．これらはアイルランド系移民によりアメリカにもち込まれたものです．

　アイルランド英語とアメリカ英語のかかわりは1845年に始まるジャガイモ飢饉に端を発します．当時，アイルランドではジャガイモが主要な作物で食料でした．それが疫病により壊滅的な打撃を受け，大飢饉が起こりました．餓死者は百万人を数え，多くの住民が島を離れ，移民としてアメリカに渡りました．1840年から1860年までの20年間でアイルランドからアメリカに渡った移民の数は数百万にのぼります．これは，当時，アメリカに到着した移民集団のうち最大の数です．

　しかし，アメリカで彼らを待っていたのは飢饉に劣らぬ悲惨な生活でした．アイルランド系移民は社会の最底辺で差別される存在でした．求人募集の貼り紙は HELP WANTED（従業員求む）の下に No Irish Need Apply（アイルランド人，応募に及ばず）と書かれたほどです．アイルランド系の人々は白人とはみなされない風潮もありました．そのような事情から同じように差別される黒人奴隷とアイルランド系移民の間には共感が生まれていたようです．後の章で見るように黒人英語とアイルランド英語には共通する点が数多くあります．それは黒人とアイルランド系移民の間に生まれた共感が背景にあったのかもしれません．

アイルランド英語の広がり

アイルランド系の人々は移民としては後発です．彼らがアメリカに到着したとき，条件のよい仕事はすでに他の集団に取られていて，彼らに残されていたのは過酷な仕事だけでした．ニューヨークの警官はアイルランド系というイメージがあります．それはアイルランド系の人々が警官という危険な仕事に就いたからです．彼らに残された道はニューヨークのような町の底辺で暮らすか，あるいは開拓されていない西に向かうかのどちらかでした．

西に向かった人々がまず就いたのは炭鉱での採掘の仕事，そして運河工事です．そして次に就いたのが1863年に始まった大陸横断鉄道の工事です．アメリカ大陸横断鉄道と言えば中国人労働者というイメージがありますが，当初，作業を担ったのはアイルランド系移民でした．「枕木ひとつにアイルランド人1人（埋まっている）」（an Irishman buried under every tie）ということばが残っています．鉄道建設はそれほど危険な仕事でした．しかし，鉄道が西に延び，それにともなってアイルランド系移民が大陸に広がるとアイルランド英語がアメリカに広まることとなりました．

3 定冠詞・名詞・副詞の謎：教わらなかった形

....

　非標準英語の定冠詞の用法，名詞の単数・複数，所有格には私たちが学んできた英語とは違うものがあります．また，副詞には英語の古い形を残したものがあります．

英文法の「なぜ」

・アメリカ英語で in *the* hospital と言うのはなぜ．

・four *year* ago（4年前）と言うのはなぜ．

・副詞に slow と slowly という2つの言い方があるのはなぜ．

....

3.1　定冠詞：つけるの，つけないの？

in the hospital　「学校に通う」，「教会に行く」は冠詞をつけずに go to *school*，go to *church* と言います．これは英文法書の教えるところです．ところが，英文法書ではそのような解説の後，「入院している」はイギリス英語では無冠詞で in hospital と言うが，アメリカ英語では the をつけて in *the* hospital と言うと注記していることがあります．アメリカ英語のこの用法はアイルランド英語に由来します．アイルランド英語では標準英語で定冠詞をつけないところに定冠詞をつけることがよくあるのです．

　次は第2章の用例（12）で取り上げたアイルランド系の作家フランク・マコートによる自伝的小説『アンジェラの灰』からの例です．これはアイルランド英語がたくさん現れる作品です．舞台はアイルランドの町リムリック．郵便配達をしている主人公の青年フランクは電報を届けた家で結核を病んでいるテレサという娘と知り合い，親には内緒で深い関係を結びます．ある日，その母親に届いた電報をフランクは彼女の職場に届けます．電報を渡し

ながらフランクは「いつも電報をお届けしています．あれは娘さんですか，テレサさんに」とさりげなく話を切り出します．それに答える母親とのやりとりです．この小説では引用符を使わずに会話を示しています．

(1)　Yes, she's *in the hospital.*
　　Is she in the sanatorium?
　　I said she's *in the hospital.*
　　「そうよ．娘は今，入院してるの」
　　「サナトリウムですか」
　　「入院してるって言ったでしょ」
　　　　　　　　　　— Frank McCourt, *Angela's Ashes: A Memoir*（1996）

テレサは結核でサナトリウムに入ったのです．母親は結核を恥じる風潮から「サナトリウム」とは言わず，「病院」という言い方にこだわります．母親は hospital に定冠詞をつけています．この小説では「入院している」という意味で使う hospital にはすべて定冠詞がついています．

定冠詞をつけたこの言い方はアイルランド系移民とともにアメリカに入りました．次はヘミングウェイの短編「敗れざる者」からの例です．負傷で入院していた闘牛士．退院してすぐ，闘牛に出たいと興業主に申し出ます．その興行主が答えることばです．

(2)　"You've been in *the* hospital."
　　（「おまえ，入院してたんだろ」）
　　　　　　　　　　— Ernest Hemingway, "The Undefeated"（1927）

病名につく定冠詞　病名にはふつう定冠詞をつけませんが，アメリカ英語ではつけることがあります．次は詐欺師たちの痛快な活躍を描いた映画『スティング』からの例です．ロバート・レッドフォード扮する詐欺師フッカーが警察に問い詰められて答えます．

「インフルエンザ」という病名に定冠詞がついています.

(3)　Hooker: I've been home with *the flu* all day.
　　　フッカー：おれはインフルエンザで一日中，家にいたんだ.

— 映画 *Sting*（1973）

　イギリス英語では定冠詞をつけない with flu のほうが一般的です.アメリカ英語にみられる定冠詞のこの使い方もアイルランド英語由来とされます.用例（1）で見た小説『アンジェラの灰』では「肺炎にかかる」は定冠詞のない catch pneumonia とともに定冠詞をつけた get *the* pneumonia という形でも現れます.

both of などにつく定冠詞　標準英語では「私たちの大半」は most of us と言います.定冠詞をつけて *the* most of us とは言いません.同じように half of（…の半分），both of（…の両方）という言い方でも定冠詞は使いません.しかし,アイルランド英語では定冠詞をつけて *the* most of / *the* half of / *the* both of のように言います.アメリカ英語でもこの言い方をすることがあり,これもアイルランド英語から入ったものと言われます.

　次はジョン・スタインベック『怒りの葡萄』の冒頭近くに現れる例です.刑務所を仮釈放された主人公トム・ジョードは家族の待つ農場に歩いて帰る途中,トラックに便乗させてもらいます.刑務所帰りとうすうす気づいた運転手は家族の様子をさりげなく尋ねます.それに対するトムの返事です.次で *the* both of us（おれたち 2 人は）は標準英語では both of us となるところです.

図3.1　『怒りの葡萄』（初版）

(4) "I never was no hand to write, nor my old man neither." He added quickly, "But *the both* of us can, if we want."
（「おれは字を書くのが下手でね．おやじもさ」そして，トムはすぐにことばを継いだ．「でも，おやじもおれも書こうと思えば書けるんだ」）

　　　　　　　　　　　　— John Steinbeck, *The Grapes of Wrath*（1939）

　　［注］*nor* my old man *neither* は標準英語では *nor* my old man となるところ．第10章の「10.3 二重否定で否定を表すのはなぜ」参照．

3.2　複数なのに -s をつけないのはなぜ

複数なのに -s をつけない　名詞の複数形は seven mile*s*（7 マイル）のように語尾に -s をつけます．しかし，非標準英語には -s をつけない用法があります．次はマーク・トウェイン『ハックルベリー・フィンの冒険』からの例です．町から逃げ出したハックは様子を探ろうと大胆にも女の子に変装し，町に戻ります．ある家で編み物をしていた婦人がハックを家に招き入れ，「どこに住んでいるのかね．この近所かい」と尋ねます．そのときのハックの答えです．

(5) "No'm. In Hookerville, seven *mile* below."
（「いいえ．フッカーヴィルです．川を 7 マイル下ったところです」）

　　　　　　　　— Mark Twain, *Adventures of Huckleberry Finn*（1884）

　　［注］No'm. = No, ma'am.

-s がつく場合もある　ところが，ハックは mile に -s をつけて使うこともあります．岸辺から川面に柳の木が枝をせり出しています．ハックはその下にカヌーを降ろし，木にロープでつなぎます．

そして川に浮かんだカヌーに身を隠し，夜を待ちます．眠ってしまったハックが目を覚まし，川の広さに驚く場面です．

(6) The river looked *miles* and *miles* across.
　　（川は向こう岸まで何マイルもあるように見えた）

　同じ mile を複数の意味に使っていて，一方では -s をつけず，もう一方ではつけています．これはいいかげんに使ったわけではなく，非標準の文法に沿ったものです．非標準の文法では，seven のような数詞が前に現れた場合，複数の意味はその数詞が表しているので，名詞には複数語尾 -s をつける必要はありません．この言い方は foot / mile / pound / year など数量や時間を表す名詞にみられます．これはアイルランド英語，黒人英語，そして英米の非標準英語に共通にみられる文法です．

　次はスタインベックの小説『ハツカネズミと人間』からの例です．キャンディという老人はけがで手を失っています．

(7) "I got hurt four *year* ago," he said.
　　（「けがをしたのは4年前だ」キャンディが言った）
　　　　　　　　　　　　— John Steinbeck, *Of Mice and Men*（1937）

mens / womens / feets　名詞の複数形には deer（鹿）や sheep（羊）のように単複同形のもの，また，foot / feet（脚），goose / geese（がちょう），man / men（男），woman / women（女）のように複数形に特別の形をもつものがあります．非標準の英語では womens のように名詞の複数形にさらに -s をつけて複数を示すことがあります．

　次はキャスリン・ストケットの小説『ヘルプ　心がつなぐストーリー』（*The Help*）からの例です．題名の help は servant（召使い）の婉曲的な言い方です．舞台は1960年代，黒人差別が色濃く残る南部の町ジャクソン．黒人の女性は白人家庭でメイドとし

て働くのがふつうでした．差別されながら働くその窮状に心を痛めた若い白人女性スキーターは黒人メイドへのインタビューをもとに本を出すことを決めます．黒人メイドの協力を得て原稿は完成しました．しかし，これが本になって出たとき，町の白人は自分たちに対し，どのような態度に出るか，完成した原稿を前に彼女たちは迷います．「白人の男が考えるのは町の白人の女に恥をかかせないことだけ」と黒人メイドのエイビリーンがスキーターに語ります．

(8) "Don't you know, white *mens* like nothing better than 'protecting' the white *womens* a their town?"
（「白人の男の頭にあるのは町の白人の女の体面を守ることだけ，わからないの？」）

— Kathryn Stockett, *The Help*（2009）

［注］a their town = of their town ❖このa［ə］はofが弱化した形．黒人英語によく現れる．

　エイビリーンは「男たち」と言うとき，men も mens もどちらも使っています．「女たち」と言うとき women も womens もどちらも使っています．また，彼女はジャクソンの町の人口を言う場面で two hundred thousand peoples（20万人）と people に -s をつけて言っています．しかし，彼女は white people（白人たち）という言い方もしています．このような場合，黒人英語ではどちらの形も使います．

黒人英語以外でも　名詞の複数形にさらに -s をつける言い方は黒人英語以外にもみられます．次はオー・ヘンリー（O. Henry, 1862-1910）の短編「荒野の王子」（"A Chaparral Prince"）からの例です（短編集 *Heart of the West*, 1907に収録）．題名の chaparral（シャパラル）とはアメリカ南西部にみられる低木の茂みのことです．

　これは西部劇仕立ての童話です．陽が落ちたテキサスの小さな

町．ロバが引く郵便車の到着を郵便局長のバリンジャーが通りで待っています．到着した郵便車は郵便袋を降ろすと次の町に向かいます．その別れ際，郵便車の男は郵便局長に感謝の気持ちで声をかけます．局長は寒い夜，外で郵便車を待ち続けてくれたのです．男はそのことばからドイツ系のようです．

(9) "*Auf wiedersehen*, Herr Ballinger—your *feets* will take cold out in the night air."
（「バリンジャーさん，では，またな．夜風で足が風邪ひくぞ」）

— O. Henry, "A Chaparral Prince"（1907）

［注］Auf wiedersehen　ドイツ語の別れのあいさつ．文字どおりには「また会うまで」．❖ふつう大文字でWiedersehen と書くが，原著では小文字．英語の文脈で使っているからとみられる．

　　　Herr　ドイツ語で男性の姓につける敬称

　　　take cold　風邪をひく

　ドイツ語なまりの英語からすると，郵便車の男は移民の１世，あるいはドイツ語と英語で育った２世でしょうか．彼は -s をつけて複数形をつくるという英語の原則を feet に当てはめています．
　標準英語にもこのようにして複数形ができた例があります．現代英語の child（子ども）は古英語 cild に由来します．この複数形は cildr(u) だったのですが，これにさらに古英語の複数語尾 -en をつけてできたのが現代英語の children です．

所有格なのに -s がつかない　標準英語では名詞の所有格は語尾に -'s をつけます．しかし，非標準英語には -'s をつけない所有格の形が現れます．黒人英語にみられる用法です．次は若い黒人女性の成長を描いたアリス・ウォーカー（Alice Walker, 1944-）の小説『カラー・パープル』からの例です．主人公の母親は体調がすぐれません．次で she というのは母親のことです．ここで使われ

ている her sister doctor は標準英語では her sister's doctor となる
ものです.

(10) She went to visit *her sister doctor* over Macon.
　　　(母は姉のかかりつけの医者に診てもらいにメイコンにでかけ
　　　た)

　　　　　　　　　　　　　　　— Alice Walker, *The Color Purple*（1982）

　英語はその発達の中で屈折を落としてきました. 名詞で屈折が
残ったのは複数形 -(e)s と所有格の -'s だけです. それはいわば
英語の歴史的発達に抗うように残ったものです. 所有格に -'s を
つけない上のような形は英語の歴史的発達に沿ったものとも言え
ます.

3.3　real や awful を副詞に使うのはなぜ

slow と slowly　「徐行」にあたる英米の交通標識には〈DRIVE
SLOW〉と〈DRIVE SLOWLY〉の両方があります. 副詞に
slow と slowly の 2 つの形があるのはなぜでしょう. この謎の手
がかりは古英語の形容詞の格変化にあります.

　古英語では形容詞にも主格（は／が）・対格（を）・属格（の）・
与格（に）という格がありました. そしてもうひとつ「具格」
（instrumental）という格がありました. これは手段・方法を表す
格で,「…で」というほどの意
味を表しました. 語尾は -e で
した. 現代英語 slow の古英語
は slaw です. この具格は
slawe で, これは「遅きをもっ
て」というその原義から「ゆっ
くりと」という意味で使われ

図3.2　道を譲り, 徐行を促す案内
　　　　（City of Tigard, Oregon）

ました．その後，屈折語尾が消失していく中で，この語尾の -e も落ち，中英語では現代英語と同じ slow という形になりました．これが現代英語の副詞 slow の由来です．

ところで，古英語には副詞をつくる方法がもうひとつありました．それは「…のように」という意味の接尾辞 -lice を形容詞につける方法です．古英語 slaw（＝slow）は具格 slawe だけでなく，slawlice という形でも副詞に使いました．その後，この lice は発音が弱化し，-ly と形を変えました．これが現代英語の副詞語尾 -ly です．結局，現代英語には副詞に slow と slowly という 2 つの形が残ることになりました．

副詞に使う real　形容詞 slow は上のような経過からそのままの形で副詞にも使われるようになりました．この意識は他の形容詞にも広がり，形容詞の中にはそのままの形で副詞的に使うようになったものがいくつもあります．その代表が real です．これは 13世紀，フランス語から英語に形容詞として入ったものですが，その後，くだけた話しことばでは副詞としても使われるようになりました．

次はアクション・コメディ映画『ラッシュアワー』からの例です．ロサンゼルス市警の黒人刑事カーターが相棒のリーといっしょに怪しげな人物が集まっている部屋に銃をかまえて乗り込みます．そして，「ここはおれに任せろ．危ないからおまえは外に出ろ」と相棒のリーを部屋から追い出す場面です．次で real は really の意味で使われています．

（11）　　Carter: Lee, go outside *real* quick.
　　　　カーター：リー，外に出ろ．すぐにだ．

　　　　　　　　　　　　　　　　　　　— 映画 *Rush Hour*（1998）

カーターは黒人刑事ですが，real を副詞に使うのは黒人英語というわけではありません．くだけた話しことばで広くみられるも

のです．ここではまた quick も -ly がつかない形で副詞として使われています．これも古英語の具格の語尾 -e が落ち，形容詞と同じ形で副詞として残ったものです．この real や quick と同じように形容詞と同じ形で副詞として使われるようになったものには他に awful（すごく）/ clean / deep / direct / fine / free（無料で）/ great / pretty（かなり）/ sharp（きっかり）/ sure / tight / wide などがあります．次はこれらの語が副詞として使われた例です．

> an *awful* big chance（またとない機会）
> a *pretty* good lawyer（なかなか腕のたつ弁護士）
> I *sure* miss those days.（あの日々がなつかしい）

見えにくくなった境界　形容詞と副詞は slow のように形から区別できなくなったものがあります．形容詞と副詞の用法もまたその境界が見えにくくなりました．次はビル・ビバリーのロードノベルにして犯罪小説『東の果て，夜へ』からの例です．中古のワゴン車をあてがわれ，殺人行に向かう黒人少年たち．ハンドルを握った少年のことばです．次の new は読みに迷います．

（12）"It don't look new, but it drives *new*."
　　（「新車には見えねえが，走りは新車だぜ」）

　　　　　　　　　　　　　　　— Bill Beverly, *Dodgers*（2016）

［注］It don't = It doesn't ❖第 5 章の「5.2 he don't / she don't
　　　と言うのはなぜ」参照．

　中古車の広告にはよく Runs *great*.（走りは上々）という言い方が使われます．この great は副詞とされますが，読みとしては「走りがよい」という補語の感覚です．Take it *easy*.（じゃあね←気を楽にね）という言い方があります．主にアメリカで使う別れのくだけたあいさつです．この easy も副詞とされるのですが，感覚としては補語に近いように感じられます．

次はヘミングウェイの短編「ぼくの父さん」からの例です。これも形容詞か副詞か，読みに迷います。語り手である少年の父は騎手をしています。イタリア，トリノの軽食店。父が座るテーブルの横にはホルブルックという名の男と太ったイタリア人の男が立ち，父を見おろしています。ホルブルックの表情は険悪です。彼は父に悪態をつくとイタリア人の男と店を出ていきます。次のslow and careful は形容詞と読むべきでしょうか，副詞と読むべきでしょうか。

(13)　Holbrook looked down at my old man and said *slow* and *careful*, "You son of a bitch," and he and the fat wop went out through the tables.
（ホルブルックは父を見おろし，ゆっくり，そして用心深く言った。「この野郎」そして太ったイタリア人の男とテーブルを縫うように店を出た）

　　　　　　　　　— Ernest Hemingway, "My Old Man" (1923)
　　〔注〕son of a bitch　このろくでなし野郎 ❖相手を罵ることば
　　　　　wop　イタリア人 ❖侮蔑的な言い方

ここで slow and careful が slow*ly* and careful*ly* であれば，これが修飾するのは said ですから文法的にはすっきりします。しかし，それではどのように言ったか，その話し方について言うことになり，ホルブルックのことばの凄味は消えます。ここで slow and careful は補語のようにも読め，その場合，これが表すのはホルブルックの物言いそのものです。そこからこのことばの凄味が表れます。このような読みができるのも英語では形容詞と副詞の境界が時にあいまいだからでしょう。

Think different.　1997年，アップルコンピュータ（現アップル）は広告で Think different.（違う目で見よう）というキャッチフレーズを打ち出し，世界を驚かせました。この広告の決定にあたって

は社内で熱い議論がありました。「これは文法的ではない。文法的には different は differently でなければならない」という意見です。スティーブ・ジョブズ（Steve Jobs, 1955-2011）は Think different. を支持し、一歩も退きませんでした。「これを Think differently. としては私の考えを表すものにはならない。Think big.（大きな目で考えよう）と同じ使い方だ。思いが伝われば文法的なのだ」とみんなを説き伏せました（Walter Isaacson による評伝 *Steve Jobs*, 2011）。

　ジョブズの言うとおり、Think *different*. と Think *differently*. では意味が違います。Think *differently*. では differently は動詞 think にかかりますから、別な方法で考えようということで、これは手段に注目した言い方です。これに対し、Think *different*. は文法的には危うくはあるものの、different はあたかも補語のようにもとらえられ、思考そのものの変革に目を向けた言い方になります。

3.4　anyways のように言うのはなぜ

anyways という言い方　小説を読んでいて、知らない言い方が現れると、ほんの小さな違いでも気になることがあります。そのひとつが anyway（ともかく）に -s のついた anyways という言い方です。次はカール・ハイアセン（Carl Hiaasen, 1953-）の少年少女向けミステリー小説『HOOT』からの例です。夜間、工事現場が荒らされます。朝、現場監督が警官を呼んだのですが、なかなか到着しません。やっと現れた警官は遅れてきた言い訳をします。それをさえぎるように現場監督が言います。

（14）　"*Anyways*, you can see what they done."
　　　　（「ともかく、何をしやがったか見てもらおう」）

― Carl Hiaasen, *Hoot*（2002）

　［注］what they done = what they did ❖第2章の「2. 1 I seen /
　　　　I done と言うのはなぜ」参照.

　現場監督は中年の白人です．彼が what they done（=what they
did）と言っているところから，彼のことばは非標準であること
がわかります．この anyways はスタインベックの『怒りの葡萄』，
『ハツカネズミと人間』には頻繁に現れます.

副詞的属格　この anyways を分解すれば〈any + way + s〉です．
最後の s は king's（王の）の -'s と同じで，古英語の属格（所有格）
のなごりです．古英語の属格には副詞的な意味を表す用法があり
ました．これを副詞的属格（adverbial genitive）と言います．現代
英語の always（いつも）も分解すれば〈all + way + s〉で，この
語末の s も副詞的属格のなごりです．その後，anyways では語末
の -s が落ちましたが，always ではそのまま残りました．この
anyways は古い形が非標準英語に残ったものです．「その後」と
いう意味の語には afterward / afterwards の2つがあります．これ
は副詞的属格の -s が落ちた形とそのまま残った形です.

❧ 英文法こぼれ話 ❧　小説の流儀：繰り返しを避ける

　英語では文脈の中で話題にのぼった人を代名詞 he や she で受けます．"Superman is a fictional character. *He* comes from the planet Krypton."（スーパーマンは架空の人物です．生まれは惑星クリプトン）のように言います．

　ところが，小説では代名詞を使わず，名詞をさまざまに言い換えて人を指す言い方がよくみられます．その例をアーサー・コナン・ドイル（Arthur Conan Doyle, 1859-1930）の短編「ボヘミアの醜聞」（"A Scandal in Bohemia," 1891）で見てみましょう．

　ホームズのもとに1通の手紙が届きます．それは「今夜，7時45分にうかがうので在宅を願う．私は覆面をしているがご容赦願いたい」という謎めいたものでした．時間ぴったり，ゆっくりと階段を上がる重い足音が聞こえました．ホームズとワトソンの前に現れたのはがっしりとした黒覆面の男です．「私はボヘミアの貴族，フォン・クラム伯爵（Count Von Kramm）と呼んでいただきたい」と男が言います．

　語り手のワトソンは "*He* carried a broad-brimmed hat in his hand, ..."（男はつば広の帽子を手にしていた）のように代名詞 he を使って語り始めます．しかし，その後，ワトソンはこの男を指してさまざまな名詞を使います．まず，使うのは the Count（伯爵）という語です．

（1）*The Count* shrugged his broad shoulders.
　　　（伯爵はがっしりとした肩をすぼめた）

　次にワトソンは our strange visitor（謎の客人）という言い方で男を指します．

（2）"You will excuse this mask," continued *our strange visitor.*
　　（「この覆面をお許し願いたい」謎の客人はことばを続けた）

　この後，ワトソンは our visitor（客人は），his gigantic client（ホームズの大男の依頼人は），the man（その男は）とさまざまに表現を変えて男を指します．

　代名詞 he を使わなかったのは文脈によってはホームズと男のどちらを指すのか，まぎらわしいからでもあります．しかし，男を指すのにさまざまな名詞を使ったのにはもうひとつ理由があります．それは同じ語を繰り返すのをよしとしない英語の気風です．名詞でも動詞でも形容詞でも同じ文の中，また近接した場所では同じ語を繰り返さず，類義語を使うことが行われます．これを「エレガント・バリエーション」（elegant variation）と言います．

　同じ語を繰り返さないとはいっても，機械的に類義語に置き換えるのは意味のないことですから，戒められます．しかし，英語ではエレガント・バリエーションの気風は根強いものがあります．とりわけ，新聞記事などのように短い文章では同じ語を繰り返すと単調になりますから，別の語で言い換えることがよく行われます．小説では人物を別の表現で表すことで，単調さを避けるだけでなく，人物描写に深みを与えるという効果もあります．

✖✖ 4 代名詞の謎：格の表し方

格の意識が薄れた現代英語の中で代名詞だけは主格・所有格・目的格という格の区別を残しています．しかし，非標準英語では代名詞でも格の意識は希薄になっています．

英文法の「なぜ」

・「私の母」を *me* mother と言うのはなぜ．

・主語に you and *I* でなく you and *me* を使うのはなぜ．

・*them* fellows（あの人たち）と言うのはなぜ．

4.1　me を所有格に使うのはなぜ

所有格に使う me　私たちは人称代名詞の 1 人称単数は I / my / me と覚えます．しかし，映画や小説では所有格に my でなく me を使う例が現れます．次はニューヨークの古びた教会を舞台に老神父と若い神父，そしてその 2 人を取り巻く人々が織りなす物語を描いた映画『我が道を往く』からの例です．老神父フィッツギボンと若い神父オマリーがしみじみと語り合う教会の部屋．老神父はアイルランドにいる90歳の母に45年間会っていません．壁には額縁に入った若い女性の写真が掛かっています．老神父が写真に目を向けて言います．

（1）　　Fitzgibbon: That's *me* mother.

　　　　　O'Malley: She's very beautiful.

　　フィッツギボン：私の母だ．

　　　　オマリー：きれいな方ですね．

— 映画 *Going My Way*（1944）

フィッツギボン神父は「私の母」を *me* mother と言っています.
このように me を所有格に使う例は珍しいことではなく,『我が
道を往く』だけでも16回現れます.フィッツギボン神父は母親が
アイルランドにいるということから,アイルランド系とわかりま
す.ただし,このように「私の」という意味で me を使うのはア
イルランド英語に限ったものではなく,非標準英語の用法です.

所有格に使うわけ 標準英語の発音はそれぞれ my [maɪ], me
[mi(ː)] です.発音は異なりますが,どちらも代名詞という性格
から一般に軽く,弱く発音されます.このため,両方の発音の違
いはあいまいになります.映画『我が道を往く』でもフィッツギ
ボン神父が「私の」と言うとき,これを my と言っているのか,
me と言っているのか迷うものがあります.英語では異なった屈
折をひとつの形にまとめようとする歴史的な流れがありました.
所有格 my は me との発音の違いが薄れ,me と融合しました.
これがフィッツギボン神父の使う *me* mother(=my mother)とい
う言い方です.

meself という言い方も 英語で -self で終わる代名詞を再帰代
名詞(reflexive pronoun)と言います.再帰代名詞は *my*self /
*your*self / *our*selves / *your*selves のように〈所有格 +self / selves〉
という形が優勢です.しかし,*him*self / *it*self / *them*selves だけは
〈目的格 +self / selves〉という形をしています.

判断に迷うのが herself です.これは〈所有格 +self〉とも〈目
的格 +self〉とも読めます.そして,この herself こそ再帰代名詞
に〈所有格 +self〉,〈目的格 +self〉という2つの形を生む原因と
なったものです.再帰代名詞は古英語の形容詞 self(セルフ)に由来します.
古英語ではこの self(セルフ)は人称代名詞の与格の次に置き,その代名
詞を強調する働きをしました.元来,これは her self / him self の
ように2語で使っていました.ところが,その後,その由来が忘
れられ,her self(=herself)の her は所有格,self は代名詞ととら

えられるようになりました．この考え方が me self などに及び，*my*self のような〈所有格 +self〉という形が生まれました．現代英語で *him*self / *them*selves は少数派ですが，歴史的に由緒正しいのはこちらのほうです．

　非標準英語には *me*self という形が現れます．これは古い形が残ったものです．次はアイルランド系の作家フランク・マコートの自伝的小説『アンジェラの灰』からの例です．舞台はアイルランドの町リムリック，語り手は著者である少年です．当時，結核は死に至る病でした．

(2) "If all the people that has consumption in Limerick were to die this would be a ghost town, though I don't have consumption *meself*."
　　（ぼく自身は結核にかかってはいないけど，リムリックで結核にかかっている人がみんな死ぬと，この町はゴーストタウンになるだろう）

　　　　　　　　　　— Frank McCourt, *Angela's Ashes: A Memoir*（1996）

[注] all the people that has consumption = all the people that *have* consumption ❖アイルランド英語では主語が複数であっても動詞は単数が許容される．第5章の「5.3〈3単現〉でないのに -s がつくのはなぜ」参照．

　非標準英語には *his*self（=himself）/ *their*selves（=themselves）という形も現れます．次はヘミングウェイの短編「密輸業者の帰還」からの例です．大統領をも動かす力のある有力者とその秘書の2人を乗せた釣り船．釣り船は沖合で小船に出会います．小船は銃撃の生々しい跡を残しており，船の男は負傷している様子．密輸船とみた有力者は捕らえて手柄にしようとします．有力者は「（負傷しているのは）警察沙汰を起こしたからだ」と船の男を蔑んで言います．しかし，負傷した男に同情する船長は皮肉を交え

て言い返します.

(3) "Unless he shot *hisself* for fun."
（「面白半分で自分を撃ったんじゃなければな」）

— Ernest Hemingway, "The Tradesman's Return"（1936）

この短編でヘミングウェイは地の文では himself を5回使っているのですが，船長のこのことばだけは非標準の hisself を使っています．この hisself という非標準のことばが船長が有力者である客とは別の世界を生きてきたことを示しています．権力にひるまぬ男気に似合うことばです.

4.2 me が主語の位置に現れるのはなぜ

「私は」の意味に使う me 「あなたと私は古くからの友だちだ」は You and *I* are old friends. と言います．ところが，映画や小説では you and *me* を主語に使う言い方が現れます．次はヘミングウェイの短編「ポーター」からの例です．場面はアメリカから国境を越えてカナダを走る列車の中．仲良くなった乗客の少年に黒人ポーターが言います.

(4) "*You and me* aren't even friends."
（「あんたとおれとは友だちですらないんだぜ」）

— Ernest Hemingway, "The Porter"（没後1987年に出版）

これは非標準とされます．しかし，このような言い方をする人物の幅は広く，非標準英語でありながら標準英語にかなり近いところがあります．次はレイモンド・チャンドラー（Raymond Chandler, 1888-1959）のハードボイルド小説『大いなる眠り』からの例です．ロサンゼルス市警のグレゴリー警部は私立探偵マーロウと心を通わせる人物です．その彼がマーロウに語ることばで

す．ここで it は「悪事を働けば報いを受ける，法と正義が支配する世の中」ほどの意味です．

(5) *"You and me* both lived too long to think I'm likely to see it happen."
（「悪事を働けば報いを受ける，そんな世の中は拝めそうにもないな．あんたもおれも長生きしすぎたんだ」）

— Raymond Chandler, *The Big Sleep* (1939)

薄れた格の意識　主語の位置に me を使う，その背景には英語における格の消失があります．第 1 章で古英語と現代英語の違いを見ました．古英語で主語や目的語を特定していたのは主格（は／が）・対格（を）・与格（に）という名詞や代名詞などの格変化です．この格変化はその後，消失しました．そして，主語・目的語を示す手段は格変化から語順に変わりました．すなわち，〈動詞の前は主語，動詞の後は目的語〉という意識です．現代英語で「ぼくだよ／私よ」は It's *I*. ではなく，It's *me*. と言います．ここに me を使うのはそれが動詞（この場合は is）の後に現れるからです．

you and me の論理　さて，このように書くと「おいおい，ちょっと待った」という声が聞こえそうです．「それではどうして *"You and me* both lived too long." と言うのだね．〈動詞の前は主語，動詞の後は目的語〉であるのなら，You and I となるはずではないのかね」

　もっともな疑問です．さて，このように me が主語の位置に現れるのは you and me のように me が and で結ばれている場合だけなのです．*"You and me* both lived too long." では you and me は主語の位置に現れてはいますが，me が緊密につながっているのは and です．意識は you and me というローカルな部分に向けられます．この you and me の部分だけを見れば，me は主語の位置にはありません．この感覚が me を引き出します．

この言い方は you and me だけに限りません．Benny and me（ベニーと私）のように名詞と結ばれたり，さらに me and you（おれとおまえ）のように me が先に現れることもあります．次はカール・ハイアセンの少年少女向けミステリー小説『HOOT』からの例です．中学生の乱暴者デイナはいじめようとした少年ロイに逆にパンチをあびせられます．鼻を腫れ上がらせたデイナは学校を欠席しています．そのデイナの家にロイが謝罪に来ます．しかし，怒りがおさまらないデイナはロイに言い放ちます．

　(6)　"*Me and you* will settle up when I get back to school."
　　　（「学校に戻ったらけりをつけてやるからな」）

　　　　　　　　　　　　　　　　　　— Carl Hiaasen, *Hoot*（2002）

　ところで，me が主語の位置に立つのは you and me のようにそれが and で結ばれている場合であると書きました．しかし，me が単独で主語の位置に現れる例がないわけではありません．ただし，それは意図的に誤った言い方にしたものです．

　次は一般に『続・若草物語』という題名で知られるルイザ・メイ・オルコット（Louisa May Alcott, 1832-88）の小説『若草物語』第2部からの例です．母になった長女メグにはデミという名で呼ばれる小さな男の子がいます．干しぶどうをせがむデミにメグは「もう干しぶどうはだめよ．病気になるから」とあきらめさせようとします．その母に答えるデミのことばです．

　(7)　"*Me* likes to be sick."
　　　（「ぼく，病気になるの，好き」）

　　　　　　　　　　　— Louisa May Alcott, *Little Women*（1868-69）

　ここでデミは I like となるはずのところを *Me* likes と言っています．まだ正しくことばを話せないという設定です．

4.3 them を those のように使うのはなぜ

those のように使う them　私たちが学んだ英語では them は前に現れた複数形の名詞を指す人称代名詞で,「彼らに・それらに」あるいは「彼らを・それらを」という意味を表します. ところが, 映画や小説では them を指示代名詞 those の形容詞的用法のように「それらの・あれらの」という意味で使う例が現れます.

　次は映画『カサブランカ』からの例です. 1940年, パリ. ドイツ軍は50キロ先に迫り, パリ陥落は目前です. 反ファシズム闘争にかかわっていたリックにはドイツ軍から懸賞金がかけられています. リックの下で働く黒人のピアノ弾き, サムが心配そうにリックに言います. 次で *Them* Germans を *Those* Germans と読み替えるとすっきりと読めます.

(8) Sam: *Them* Germans will be here pretty soon, and they'll
　　　　 come looking for you.
　　　サム:あいつら, ドイツ軍が来るのはもうすぐです. 旦那を探
　　　　　しに来ます.

　　　　　　　　　　　　　　　　　　　　　　— 映画 *Casablanca*(1942)

　サムは黒人ですが, この言い方は黒人英語だけのものではありません. アイルランド英語にもイギリスの地域方言にもみられます.

このように言うのはなぜ　この言い方は次のような使い方から生まれたものとみられます. お店で棚にあるものを指差して店員に「それ, 3つください」と頼むとき, どのように言うでしょう. 指示代名詞 those を使って "Three of *those*, please." のように言うのが本来です.

　しかし, このような場合, 人称代名詞 them を使って "Three of *them*, please." のように言うことも行われます. 人称代名詞は

先に話題に出たものを指すのが本来の使い方ですが，ここでは客が指差していることから them が何を指すか，店員にはわかります．ここから them に指示代名詞 those と同じ使い方が生まれたようです．そこから them Germans（あのドイツ人）のように「それらの・あれらの」という意味で名詞につけて使う言い方が生まれたとみられます．

　次はスタインベック『怒りの葡萄』からの例です．各地を移動しては仕事を探す季節労働者のキャンプ．ここではダンスパーティーが開かれ，主人公の一家も久しぶりに気晴らしをすることができました．パーティーをなつかしく思い出す主人公トムのことばです．ここには them を形容詞的に使ったものと名詞的に使ったものの両方が現れています．どちらも those と読み替えるとすっきりと読めます．

(9)　"I'm a-gonna miss *them* dances," Tom said. "*Them* was some of the nicest dances I ever seen."
（「あのダンスパーティー，なつかしく思い出すだろうな．あのパーティーはこれまで見た中で最高だった」トムが言った）
　　　　　　　　　　　— John Steinbeck, *The Grapes of Wrath* (1939)

〔注〕a-gonna = going to ❖この a は前置詞 on が弱化したもの．標準英語ではこの a は落ちた．なお，gonna については第 9 章の「9.3 gonna / wanna / dunno と綴るのはなぜ」参照．

　　　Them was = Those were ❖標準英語ではこの was は were となるところだが，非標準英語では was は 3 人称単数以外にも用いる．第 5 章の「5.1 we was / you was と言うのはなぜ」参照．

　　　I ever seen = I ever saw ❖過去の意味を表す seen については第 2 章の「2.1 I seen / I done と言うのはなぜ」参照．

アイルランド英語由来とも　このように them を those のように使う言い方はイギリスの地域方言にもみられるのですが，アイルランド英語由来ともされます．次はアイルランドの寒村を舞台にしたイギリス映画『ライアンの娘』からの例です．村の学校の教師がかつて生徒であった若い女性に「バイロンやベートーベンを教えてはきたけれども，私はそんな人間ではない」と話す場面です．次の *them* fellows は *those* fellows と読み替えるとすっきりと読めます．

　　（10）　　Charles: I'm not one of *them* fellows myself.
　　　　　　　チャールズ：私は［バイロンやベートーベンのような］そん
　　　　　　　　　　な人間ではないよ．

　　　　　　　　　　　　　　　　　　　　　　　　— 映画 *Ryan's Daughter*（1970）

　このような them の使い方はこの映画だけで 4 回現れます．英語学者シェイン・ウォルシュ（Shane Walshe）はアイルランドを舞台にした映画50本をもとにアイルランド英語をつぶさに研究しています．その半分の25本にこのような them の例が現れています．

　『オックスフォード英語辞典』（*The Oxford English Dictionary*）はこの them を「今では方言のみ，あるいは無学」（Now only dial. or illiterate）としています（them の項，Ⅲ5）．しかし，『ライアンの娘』の例のようにバイロンやベートーベンを教える小学校教師のことばにも現れることを考えると，必ずしも無学とは言えないようです．

4.4　Tom Sawyer he のように言うのはなぜ

二重の主語　マーク・トウェイン『ハックルベリー・フィンの冒険』には主語に名詞を示し，さらに代名詞を重ねた例が繰り返し現れます．次は小説の冒頭近くで語るハックのことばです．

（11）But *Tom Sawyer he* hunted me up and said he was going to start a band of robbers, ...

（でもトム・ソーヤーはおいらを探し出した．そして盗賊団を始めると言った）

  — Mark Twain, *Adventures of Huckleberry Finn*（1884）

　これは主語に Tom Sawyer という名詞を示し，さらに代名詞 he を重ねたものです．このような例は他にも the Widow Douglas she（未亡人のダグラスさんは），Judge Thatcher he（サッチャー判事は）のような言い方で現れます．

　この言い方はバラッド（ballad）と呼ばれる物語詩や伝承童謡（nursery rhyme）では古くから行われてきました．次は伝承童謡「ハートの女王」（The Queen of Hearts）の冒頭の節です．これはルイス・キャロル（Lewis Carroll, 1832-98）の『不思議の国のアリス』（*Alice's Adventures in Wonderland*, 1865）に出てくることでも知られています．

図4.1　タルトをつくるハートの女王（1922年発行の伝承童謡集）

（12）*The Queen of Hearts, she* made some tarts,
　　　　All on a summer day:
　　　　The Knave of Hearts, he stole those tarts,
　　　　And took them quite away!

　　　ハートの女王，タルトをつくった
　　　夏の日，1日かけて
　　　ハートのジャック，タルトを盗んだ
　　　そしてすっかり奪い去った

　　　　［注］トランプのジャックは英語で Knave と言う．この唄で
　　　　　　　はジャックが盗んだのは実は tarts（タルト）と韻を踏
　　　　　　　む hearts（ハート），つまり恋心であると読める．

　英語は弱強あるいは強弱のリズムを好みます．次は唄の第1行
のリズムです．弱く読む音節は ● で，強く読む音節は ● で示して
います．

　　　●　　●　●　●　●　●　●　●
　　The Queen of Hearts, she made some tarts,

きれいに弱強がそろい，心地よいリズムになります．ここで
she がなければ，「強」と「強」が続いて現れ，リズムが整いま
せん．詩ではこのように韻律を整えるため，主語である名詞に続
けて代名詞を置くことがよく行われます．Tom Sawyer he という
言い方は英語に古くからあるこの言い方を踏まえたものです．
主語と主題　ところで，Tom Sawyer he という言い方にはもうひ
とつの見方もあります．「ハートの女王」の唄では The Queen of
Hearts と she の間にはコンマがあります．このコンマは the
Queen of Hearts と she を切り分け，一方を「主題」，もう一方を
「主語」に分けていると見るのです．

　私たちが文を発話するとき，そこで話題にしようとする，その
内容を主題（topic）と言います．これに対し，主語（subject）と
は述語に対するもので，文を形からとらえたものです．たとえば，
「象は鼻が長い」と言う場合，ここで話題に取り上げているのは
象ですから主題は「象」です．そして，「長い」という述語に対
応する語は「鼻」ですから主語は「鼻」です．

　日本語では主題を示すには一般に助詞「は」を使います．しか
し，英語には主題を表す文法的な手だてがありません．主語とい
う意味の subject はラテン語の〈sub（下に）＋jectus（投じられた，
置かれた）〉がその由来です．「下に置かれた」というのは「（意識

の）下に置かれた（もの）」ということで，これは「何について語ろうとしているか」ということです．これは主語というよりも主題です．英語には日本語の助詞「は」のように主題を示す文法的な手だてがありません．また，英語では主語と主題は一致することが多く，その区別を意識することはあまりありません．

　さて，The Queen of Hearts の唄の第 1 行 The Queen of Hearts, she made some tarts でコンマが主題と主語を切り分けていると見るなら，「ハートの女王について言えば，彼女はタルトをつくった」とすっきり読めます．

　社会言語学者のラボフ（William Labov, 1927–）はこのような例を主題と主語を切り分けたものと見ています．また，この言い方は標準英語にもみられるとして次の例を示しています．

(13) *My oldest sister—she* works at the bank, and she finds it very profitable.
（一番上の姉，銀行に勤めてるんだけど，なかなか給料がよいそうだ）
　　　— William Labov, *The Study of Nonstandard English*（1969）

　ここでも My oldest sister と she の間にダッシュ（—）があり，これが主題と主語を切り分けています．

主語の標識とも　しかし，別の見方もあります．黒人英語の研究者ディラード（J. L. Dillard, 1924-2009）はこのような言い方は主語と述語の境界を示す標識であるとして，次の例を示しています．

(14) *Ray sister* go to school at Adams *she* got a new doll baby.
（アダムズの学校に通っているレイの妹［または姉］は新しい人形をもらった）
　　　— J. L. Dillard, *Black English: Its History and Usage in the United States*（1972）

上で Ray sister go to school at Adams は Ray's sister *who goes* to school at Adams（アダムズの学校に通っているレイの妹［または姉］）の意味です. ここで主格の関係代名詞 who は表に現れていません. 黒人英語には主格の関係代名詞を表に出さない使い方があるのです.

　この文は主格の関係代名詞 who が表に出ていないため，どこまでが主語か，その見極めがめんどうです. しかし，ディラードの言うように，ここで she を主語の境界と見ると，Ray sister go to school at Adams（アダムズの学校に通っているレイの妹［または姉］）までが主語であるとわかります.

　主語と主題を切り分けて示したもの，主語の境界を示すもの，どちらの考えにも一理あるようです. なお，これは必ずしも黒人英語に限った言い方ではありません. 英語圏の子どもも *My father he* always says ...（父さんはいつも…と言うんだ）のような言い方をします.

✤ 英文法こぼれ話 ✤ 「あなたたち」を何と言う

単数も複数も表す you　ドイツ語では親しい間柄では「あなた」は du, 「あなたがた」は ihr と言います. 単数と複数で言い方が違います. ところが英語では単数も複数も you という同じ形です.

　英語も古くは「あなた」と「あなたがた」は形が違いました. 古英語で「あなた」という単数は主格 þu, 対格・与格は þe, 属格は þin と言いました. 「あなたがた」という複数は主格 ge, 対格・与格 eow, 属格 eower という形でした.

　その後, 複数の対格・与格 eow が主格にも使われるようになり, さらに単数にも使われるようになりました. これが現代英語 you の由来です. 古英語に由来する単数の「あなた」は thou / thy / thee という形に残っていますが, 今では古風な言い方です. 古英語の「あなたがた」という複数 ge も je という形で残ってはいますが, これも古風な言い方です. *1

you guys　しかし, 「あなた」「あなたたち」という区別ができないのはやはり不便です. 複数の人がいる場面で you と言えば, そのうちの1人に言っているのか, みんなに言っているのかわかりません. そのため, 近代英語以降, 英語は「あなたたち」という複数の意味を表す言い方をいろいろ工夫してきました. よく目にするのが you guys という言い方です.

　次は映画『E.T.』の冒頭近くの場面です. 夜, 家の外の暗闇に何者かが潜む気配. 外に出て確かめようとする子どもたちを母親が制します.

＊1　そのくわしい事情は『英語の歴史から考える英文法の「なぜ」』の第3章の「3.2 単数にも複数にも you を使うのはなぜ」をごらんください.

（1）　　Mary: Stop, now! *You guys* stay right here.

　　　メアリー：待ちなさい．みんな，ここにいて．

　　　—映画 *E. T. the Extra-Terrestrial*（1982）

図4.2　映画『E.T.』

　この guy は元来，「男」という意味でしたが，今ではくだけた言い方として呼びかけでは男女を問わず使われます．この他にも複数の意味では you folks / you people という言い方も使われます．また，「あなたたち2人」と言う場合には you two という言い方もします．

y'all　この you guys よりもさらにくだけた言い方が y'all [jɔ́:l] です．これは you all からきたものです．次はアクション・コメディ映画『ラッシュアワー』からの例です．場所はロサンゼルス市警．黒人刑事カーターが犯人を追いつめ，爆弾犯を押さえた手柄話をみんなの前でしています．「なぜ自分を呼ばなかったのか」と爆発物専門の女性刑事ジョンソンが話の腰を折ります．分が悪いと知ったカーターは話を打ち切ろうとします．

（2）　　Carter: I'll talk to *y'all* later, all right?

　　　カーター：わかった．みんな，話はまた後でするから．

　　　　　　　　　　　　　　　—映画 *Rush Hour*（1998）

　この y'all は黒人英語ともアメリカの南部方言ともされます．

　映画にはカーターが y'all を説明している場面があります．カーターはジャッキー・チェン（Jackie Chan, 1954-）扮する香

港警察のリー警部とコンビで捜査にあたります．２人が乗る車のラジオからソウルミュージック・シンガー，エドウィン・スター（Edwin Starr, 1942-2003）の歌う「黒い戦争」（War）が力強いリズムで流れています．それをまねてリーが "War, Huh, Good God *y'all*"（戦争だと，いいか，みんな）と英語で歌います．この Good God は強い気持ちを表す間投詞で，ここでは「いいか」ほどの意味です．リーはこの y'all を ［juɔ́ːl］（ユオール）と発音します．カーターはその発音が気に入りません．

(3)　　Carter: It ain't *you all* ［juɔ́ːl］. It's *y'all* ［jɔ́ːl］. Man, you sound like a karate movie. *Y'all* ［jɔ́ːl］! Say it from right here with some soul. *Y'all* ［jɔ́ːl］.

　　カーター：「ユオール」じゃねえ．「ヨール」だ．いいか，カラテ映画のように声を出すんだ．「ヨール」魂を込めて腹から声を出すんだ．「ヨール」と．

　　［注］ain't＝isn't ❖第10章の「10.2 ain't が論争になるのはなぜ」参照．

　この映画では中国人リーはくだけた英語には慣れていないという設定です．

yous / youse　　上で見た you guys / y'all（＝you all）は２語で工夫した言い方ですが，yous または youse という１語の言い方もあります．どちらも ［juːz］（ユーズ）と発音します．

　次はアイルランド生まれの映画監督ジム・シェリダン（Jim Sheridan, 1949-）が自らの半生を元に制作した映画『イン・アメリカ／三つの小さな願いごと』からの例です．アイルランドからニューヨークに移住し，ハーレムで生活を始めた貧しい一家．父親のジョニーは仕事をみつけることができず，その日の生活を支えるだけでせいいっぱいです．小学生の２人の娘，クリスティ，アリエルと遊ぶ時間もなくなりました．寝床でアリ

エルがその不満を父親にぶつけます.

(4)　　　Ariel: And you don't play with us anymore.
　　　　Johnny: I do play with *youse*.
　　アリエル：それに私たちと遊んでくれないし.
　　ジョニー：おまえたちと遊んでるじゃないか.
　　　　　　　　　　　　　　　　　　　— 映画 *In America*（2002）

　ジョニーが使う youse はアイルランド英語に由来する「あなたたち」という意味の2人称代名詞で, you に複数語尾の［z］をつけてできたものです. この yous(e) はアイルランド系の人々が描かれる映画や小説だけでなく, 黒人英語が現れる作品でも目にします.

❊❊❊ 5 数と人称の謎：一致しないのはなぜ

....

　be 動詞は主語の数と人称により現在形は am / are / is，過去形は was / were と使い分けます．助動詞 do も〈3単現〉には does という特別な形を使います．しかし，非標準英語では数・人称の扱いが異なります．

英文法の「なぜ」

・we *were* でなく we *was* と言うのはなぜ．

・he *doesn't* でなく he *don't* と言うのはなぜ．

・there's no countries のように複数に there's を使うのはなぜ．

....

5.1　we was / you was と言うのはなぜ

we was / you was　私たちが教わった英語では we *were* / you *were* のように言います．ところが，映画や小説には we *was* / you *was* という言い方が現れます．次はコメディ映画『お熱いのがお好き』からの例です．1929年，禁酒法時代のアメリカ．シカゴのギャングの親玉，スパッツは手下の通称トゥースピック・チャーリーに裏切られ，警察に目をつけられるという大失態を犯しています．密かに開かれたギャングの全米大会．そこにスパッツが恥ずかしげもなく顔を出します．そして，ギャングのパラダイスから皮肉を言われます．ここでパラダイスは we *was* / you *was* という言い方をしています．

(1)　　Paradise: Hi, Spats. *We was* laying eight to one you wouldn't show.

　　　　Spats: Why wouldn't I?

Paradise: We thought *you was* all broken up about
　　　　　Toothpick Charlie.

　パラダイス：やあ，スパッツ．あんたは顔を出さないと 8 対 1
　　　　　　　で賭けてたんだがな．

　スパッツ：おれが顔を出さないだと．

　パラダイス：トゥースピック・チャーリーの件でみんなの笑い
　　　　　　　ものになってると思ったのさ．

　　　　　　　　　　　　　　　　—映画 *Some Like It Hot*（1959）

　［注］lay　賭ける／ break up　…を笑う

　この言い方に私たちは驚くのですが，マーク・トウェインの
『ハックルベリー・フィンの冒険』ではすべてこの言い方です．
この小説には we *was* は72回，you *was* は14回現れます．そして，
we *were* / you *were* という言い方は一度も現れません．

　ジョン・スタインベックの『怒りの葡萄』も同じです．この小
説では we *was* の63回に対し，we *were* は 1 回，そして you *was*
の54回に対し，you *were* は 0 回です．この一度だけ現れる we
were にはわけがあります．これは土地を追われる農民のことば
We *were* born on it（おれたちはこの土地で生まれた）というもので
す．『怒りの葡萄』は奇数章で背景を説明し，偶数章で物語を語
る構成です．一度だけ現れるこの we *were* は背景を説明する奇
数章に現れるもので，農民のことばそのものではありません．作
者が語ることばです．『ハックルベリー・フィンの冒険』も『怒
りの葡萄』も we *was* / you *was* が「標準的」な文法です．

ウィリアム・クリフトの手紙　なぜ we *was* / you *was* という言
い方をするのでしょう．英語学者フランシス・オースティン
（Frances Austin）がその謎を解き明かしています．18世紀から19
世紀にかけてのイギリスにウィリアム・クリフト（William Clift,
1775-1849）という人がいました．今で言うイラストレーターの

ような仕事で名を成した人です．オースティンはクリフトが書いた手紙をもとに，その英語が年代とともにどのように変化したか調べています．

　ウィリアム・クリフトは1775年，ブリテン島南西部，コーンウォール（Cornwall）のボドミン（Bodmin）という町に生まれました．ロンドンから西に400キロ，最果てとも言える地方です（図5.1）．一家は父親を早く亡くし，貧しい暮らしでした．しかし，ウィリアムには非凡な絵の才能がありました．1792年，17歳の彼は志を胸に家族に見送られ，船でロンドンに旅立ちます．彼はロンドンに着いてすぐ一家に手紙を出しています．次はその一節です．St Cathrines というのは波止場のそば，海辺に立つ城のことですが，これは綴りを誤ったようで，正しくは St Catherine's（Castle）です．

(2) Just as *we was* getting out of the Harbour I saw you and Cousin Polly out at St Cathrines ...
　　（船が港から出ようとするとき，聖キャサリン城にみんなの，そして従姉のポリーの姿を目にしました）

— William Clift の手紙（1792）

　ここでウィリアムは we *was* と書いています．そして不思議なことに彼はこの手紙で we *were* という言い方も3回使っています．彼の育ったコーンウォールでは we *was* / we *were* のどちらの言い方もしていたのです．ところが，その後の手紙では彼は we *was* という言い方はしなくなりました．

　ウィリアムがコーン

図5.1　イングランド南部

ウォールからロンドンに出たのは彼の絵の才能を見出した土地の有力者の計らいによるものです。ロンドンで彼は高名な外科医にして解剖学者，ジョン・ハンター（John Hunter, 1728-93）の書生となり，医学標本を図に起こす仕事に携わりました。ハンターのもとには医学者や科学者が集まり，ウィリアムはそのような上流階級の人々と接する機会を得ました。

ウィリアムは上昇志向の強い人でした。ロンドンに出た彼はそこで上流階級の人々のことばを選びました。ウィリアムは we *was* という故郷のことばを捨てました。ロンドン上流階級の人々のことばには we *was* という言い方はなかったのです。

we was と言うのはなぜ　コーンウォールで we *was* / we *were* という両方の言い方がされていたのはなぜでしょう。この謎を解くには英語の歴史に立ち戻らなければなりません。第1章「英語のたどった道」で見た古英語の動詞 metan（=meet）の活用を思い出してみましょう。その過去形は1人称・3人称単数 met*te*，2人称単数 met*test*，複数 met*ton* で，過去形だけでも -*te* / -*test* / -*ton* という複雑な語尾がありました。

しかし，その後，これらの屈折語尾はすべて消失し，現代英語ではすべて met という同じ形に収束しています。英語の歴史は屈折を落とす歴史でした。英語では複雑な屈折を落とし，ひとつの形にまとめる力が常に働いていました。

異なった形をひとつにまとめようとするこの力は be 動詞にも及びました。つまり，be 動詞の過去形 were には was に収束する力が働いたのです。ウィリアムが生きた時代，コーンウォールでは were と was が拮抗し，we *were* / we *was* のどちらも使われていました。ところが，ロンドン上流階級の人々はことばの変化に保守的で，新しい we was を受け容れなかったのです。

you was と言うのはなぜ　ところで，ウィリアムの手紙には不思議なことがひとつあります。彼は we *was* という言い方は捨て

たのですが，you に対しては you *was* / you *were* のどちらも使い続けているのです．なぜかと言えば，当時，you *was* はロンドン上流階級の間でもふつうに使われた言い方で，捨てる必要がなかったからです．ロンドン上流階級の人々は we *was* は受け容れませんでしたが，you *was* は許容したのです．それは you は「あなた」という単数，「あなたがた」という複数のどちらも表すことから，まぎらわしさを避けるうえで単数に you *was* を使うのは都合がよかったからと思われます．しかし，その後，彼らはこの you *was* という言い方を捨て，古い言い方である you *were* を固守し，これが標準英語に残りました．*1

非標準英語に残った you was

標準英語では you *was* という言い方は廃れ，you *were* が残りました．しかし，you *was* は非標準英語に残りました．その様子をロバート・ルイス・スティーヴンソン（Robert Louis Stevenson, 1850-94）の『宝島』（*Treasure Island*, 1881-82）に見ることができます．この物語には you *was* と you *were* のどちらも現れるのですが，人物による使い分けがされています．

THE DOCTOR OPENED THE SEALS WITH GREAT CARE, AND THERE FELL OUT THE MAP OF AN ISLAND

図5.2　発見した宝島の地図に見入るトリローニ（左），リヴシー（中央），ジム（右），Louis Rhead によるさし絵（1915年版）

---

*1　代名詞 you は元来，「あなたがた」という複数の意味でした．しかし，その後，「あなた」という単数にも使うようになりました．くわしくは『英語の歴史から考える英文法の「なぜ」』の第3章の「3.2 単数にも複数にも you を使うのはなぜ」をごらんください．

地主のトリローニと医者のリヴシーはどちらも you *were* という言い方をしています．彼らは社会的地位のある人物です．これに対し，海賊のロング・ジョン・シルヴァーは you *were* と you *was* の両方を使っています．そのことばの違いが彼らの出身・社会階層を表しています．

5.2　he don't / she don't と言うのはなぜ

he don't / she don't　動詞の屈折がことごとく消失した英語でただひとつ頑迷に残ったのが3人称単数現在，いわゆる〈3単現〉の -s です．助動詞 do も〈3単現〉は does で，否定の縮約形は he *doesn't* / she *doesn't* です．しかし，映画や小説には he *don't* / she *don't* という言い方があたりまえのように現れます．

　次は父親殺しの嫌疑をかけられた少年の裁判で12人の陪審員が議論する一部始終を描いた映画『十二人の怒れる男』からの例です．この映画では最後の場面になって陪審員2人の名前がわかるのですが，それ以外は名前は現れません．脚本では登場人物をJuror No. 2（陪審員2番）のように示しています．陪審員10番が容疑者の少年について「あいつはだらしないやつだ」と言い，さらに続けて「ことばづかいもなってない」と言います．それに対して隣に座る陪審員11番がたしなめるように文法を訂正します．次で He とは容疑者の少年のことです．

（3）　Juror No. 10: He *don't* even speak good English.
　　　Juror No. 11: He doesn't even speak good English.
　　　陪審員10番：あいつ，ことばづかいもなってねえ．
　　　陪審員11番：「なってねえ」ではなく「なってない」ですよ．
　　　　　　　　　　　　　　　　　　　　— 映画 *12 Angry Men*（1957）

　陪審員10番は少年のことばづかいを非難しながら，自分も標準

英語ではない he don't という言い方をしました. すかさず陪審員11番がこの言い方について半畳を入れています. この陪審員11番のことばはどうにも日本語に訳せません. 陪審員10番は自動車修理工場を経営する頑固な白人の男です. 半畳を入れた陪審員11番は時計職人でヨーロッパからの移民です. 今はアメリカに帰化しています. 英語にかすかになまりがあります. 彼は話の途中, 英語に迷うことがあり, notify という語が思い出せず, 詰まったりします. 英語が外国語である彼が陪審員10番の英語を正したところがちょっと愉快です.

さて, この he *don't* という言い方を英語母語話者はどのように見るのか, その手がかりが J. D. サリンジャー (J. D. Salinger, 1919-2010) の小説『ライ麦畑でつかまえて』にあります. 語り手である主人公のホールデンは17歳の高校生です. 彼にはボブ・ロビンソンという知り合いがいます. ボブには劣等感があるとホールデンは見ています.

(4) You could tell he was very ashamed of his parents and all, because they said "he *don't*" and "she *don't*" and stuff like that, and they weren't very wealthy.
(ぼくにはわかる. ボブは両親のことを恥ずかしく思っているんだ. それは両親が "he don't" とか "she don't" のような話し方をする人であまり裕福ではないからだ)
— J. D. Salinger, *The Catcher in the Rye* (1951)
[注] and all「…など」の意から意味をぼかすのに用いる. 日本語の「…とか」に近い.

この he *don't* / she *don't* は映画や小説でよく目にします. 第3章で取り上げたアリス・ウォーカーの小説『カラー・パープル』(*The Color Purple*, 1982) には he *don't* / she *don't* は70回現れます. プロローグで取り上げたヘミングウェイの「5万ドル」は8,000

語ほどの短編ですが，そこにも he *don't* は 5 回現れます．

縮約形をさらに縮約　なぜ he *don't* / she *don't* と言うのか，その背景には否定の縮約形の発音，そして簡潔という方向に進んだ英語の流れがあります．

　縮約形は発音の変化を受けやすい形です．縮約形 isn't［ɪznt］はくだけた発音では［z］が落ちることがよくあります．次はディズニーのアニメ映画『リトル・マーメイド』からの例です．人間になりたい人魚のアリエル．しかし，そのためには魔女アースラの言うことを聞かなければなりません．悩むアリエルをアースラがことば巧みに誘います．次で innit［ɪnɪt］は isn't it［ɪzntɪt］のくだけた発音です．

(5)　　Ursula: Life's full of tough choices, *innit*?
　　　　アースラ：人生ってのはむずかしい選択ばかりではないのかね．

— 映画 *Little Mermaid*（1989）

　同じように doesn't もくだけた発音では［dʌznt］の［z］が落ちます．その［z］の落ちた doesn't は don't と似た発音となり，そこに異なった形をひとつにまとめようとする力が働きました．つまり，he *don't* は doesn't が don't に融合し，収束したものです．

5.3　〈3単現〉でないのに -s がつくのはなぜ

I runs という言い方　上で見た he *don't* / she *don't* という言い方とは逆に主語が 3 人称単数でないのに動詞に -s がつくこともあります．これを映画『我が道を往く』からの例で見てみましょう．

　ニューヨークの古びた教会．朝，警官が若い娘を連れて教会にやってきます．若い神父オマリーが警官に気づき，"Come right in, Pat."（パット，中に入れ）と声をかけます．警官をパットと親しく呼ぶところをみると，2 人はよく知った仲のようです．

場所はニューヨーク，警官の名前は Pat です．ここから警官が
アイルランド系と察した方もおいででしょう．ニューヨークの警
官と言えばアイルランド系と相場が決まっています．1930年代，
ニューヨークの警官の3分の1はアイルランド系だったと言いま
す．また，Pat は Patrick の愛称で，アイルランドに多い名前です．
アイルランドの守護聖人の名前も聖パトリック（St. Patrick）です．
警官のパットは女性を遠ざけ，オマリー神父に耳打ちします．

(6)　　　Pat: Last night I'm walking me beat, see? Who do you
　　　　　think I *runs* into?
　　　　パット：昨日の夜，パトロールしていた．だれに出会ったと思
　　　　　う？

　　　　　　　　　　　　　　　　　　　　— 映画 *Going My Way*（1944）

〔注〕beat（いつもパトロールする）巡回区域

　　　walking *me* beat = walking *my* beat（私の巡回区域を歩い
　　　　て）❖アイルランド英語では me を所有格 my の意味
　　　　でも用いる．第4章の「4.1 me を所有格に使うのはな
　　　　ぜ」参照．

　ここでパットは現在形で話しているのですが，日本語訳では過
去の意味に訳しています．これは後で見ることにして，なぜ I
run でなく I *runs* と動詞に -s がついているのか，まずそのわけ
を見ておきましょう．

-s の働き　　このI *runs* という言い方は私たちには納得のいかな
いものです．動詞の語尾に -s をつけるのは〈3単現〉ではあり
ませんか．しかし，それは私たちが標準英語を基準に考えるから
です．非標準英語では主語が3人称単数でなくても動詞に -s を
つけるのは珍しくありません．イギリスで行われた「英語方言調
査」（Survey of English Dialects）では I *eats* / you *uses* / we *calls* /
they *keeps* のような言い方が各地にみられます．

標準英語で〈3単現〉の動詞に -s をつけるのは合理的な理由があってのことではありません．〈3単現〉に -s が残ったのはいわば運命のいたずらです．この -s という語尾が残った理由を強いてあげれば，それは「現在形を示す標識」であったからと言えるでしょう．であれば，それを3人称単数に限る必要はありません．1人称に使っても，2人称に使っても，複数に使っても現在形を示す標識として機能します．このようにして非標準英語では数・人称にかかわりなく動詞の語尾に -s をつける言い方が行われてきました．それが I *runs* というパットのことばです．これは現代英語の〈3単現〉にならって言えば，1人称単数現在，すなわち〈1単現〉の -s です．これはイギリスの地域方言にみられるだけでなく，アイルランド英語では広く使われる言い方です．

歴史的には　英語で〈3単現〉の動詞に -s をつけることが広まったのは近代英語以降のことです．しかし，17世紀になってからも複数形の主語に対し動詞に -s をつけることが行われていました．エリザベス女王も書簡で wicked men という複数形の主語に対し gives という動詞を使っています．

次はシェイクスピアのロマンス劇『テンペスト（嵐）』からの例です．悪事を働いた王とその一行が岩屋に閉じ込められています．そこには本当は高潔な老顧問官ゴンザーローもいます．彼は悔い改め，涙を流しています．その様子を見てきた妖精エアリエルが報告することばです．

(7)　　　Ariel: His tears *runs* down his beard, like winter's drops from eaves of reeds.
エアリエル：ゴンザーローときたら，冬，茅葺きの屋根でとけた雪や氷がしずくになって落ちるように，髭を伝って涙を落としているのです．

— Shakespeare, *The Tempest*（5幕1場）

［注］winter's drops　「冬のしずく」の意から「冬，冷たく落ち
　　　　　るしずく」
　　　　eaves of reeds　葦でできた屋根のひさし

　ここでは複数形の主語 tears に動詞 runs が呼応しています．と
ころで，シェイクスピアは同じ作品であっても複数の版が存在し
ます．そして，版により内容と表現に少しずつ違いがあるのです．
上は1623年に出たファースト・フォリオ（First Folio）と呼ばれる
版からのものです．ところが，1632年に出たセカンド・フォリオ
（Second Folio）ではここに run を使い，His tears *run* down his
beard としています．当時，このような例では複数形の主語に対
し動詞に -s をつけることもつけないこともあったのです．

　次はロバート・ルイス・スティーヴンソンの『宝島』からの例
です．この作品にも複数形の主語に対し動詞に -s をつける例と
つけない例が現れます．宝島をめざす主人公ジムたちの乗るヒス
パニオーラ号の前方に島が見えてきました．「あの島を見たこと
のある者はいるか」というスモレット船長の問いに料理番を装っ
て乗船している海賊ロング・ジョン・シルヴァーが答えます．シ
ルヴァーは複数形の主語 they に対し語尾に -s をつけた call*s* と
いう動詞を呼応させています．

（8）"Yes, sir; Skeleton Island they *calls* it."
　　　（「はい，骸骨島という名前です」）
　　　　　　　　　— Robert Louis Stevenson, *Treasure Island*（1881-82）
　　　［注］強調のため Skeleton Island を文頭に出している．They
　　　　　calls it Skeleton Island. が元の形．

　『宝島』には他にも I *gives* / I *thinks* と1人称に使った例，you
comes / you *gives* と2人称に使った例が現れます．海賊ロング・
ジョン・シルヴァー，そしてその手下イズリアル・ハンズのこと

ばです.

意味が過去なのはなぜ　さて，先に見た警官パットのことばに戻りましょう．用例（6）をもう一度，示します．

(6)　　Pat: Last night I'm walking me beat, see? Who do you
　　　　think I *runs* into?
　　　パット：昨日の夜，パトロールしていた．だれに出会ったと思う？

　パットは昨夜のことを話しているのに I'm (=I am) walking，そして I *runs* という現在形を使っています．これは過去のできごとを語るのに現在形を使い，それがあたかも今，眼前に展開しているかのように語る言い方で，歴史的現在（historical present）と言います．

　その例をフレデリック・フォーサイス（Frederick Forsyth, 1938-）のサスペンス小説『ジャッカルの日』の冒頭の文で見てみましょう．次の It *is* cold / and *seems* even colder / a man *is* about to be excuted で動詞はすべて現在形です．フォーサイスはこの冒頭の文だけ歴史的現在を使い，以後，すべて過去形で語っています．

(9)　It *is* cold at 6:40 in the morning of a March day in Paris, and
　　seems even colder when a man *is* about to be executed by
　　firing squad.
　　（午前6時40分，3月，パリの朝は寒い．1人の男が銃殺隊により処刑されようとしている．寒さはいっそう肌にしみるようだ）

　　　　　　　　　　　— Frederick Forsyth, *The Day of the Jackal*（1971）

　今まさに銃殺が行われようとしている情景が浮かび上がります．そして次の文では，一転，叙述を過去形に変え，それは最後まで

続きます．歴史的現在から過去形への転換は劇的で映画のように
あざやかです．

　アイルランド英語では過去のできごとを語る場合，歴史的現在
を使うことがよくみられます．それがパットの使う I'm (=I am)
walking, そして I *runs* という言い方です．

　マーク・トウェインの『ハックルベリー・フィンの冒険』には
この歴史的現在に由来するとみられる言い方がたくさん現れます．
1つだけ例を見てみましょう．ハックとジムは川の中州の島に身
を潜めています．町に様子を探りに出たハックはジムが追われて
いると知り，2人が隠れている島にカヌーで戻ります．川を渡る
途中，時刻を知らせる時計の音が聞こえてきます．

（10）When I was about the middle I heard the clock begin to
　　　strike, so I *stops* and *listens*;
　　　（途中まで川を進んだとき，時計の鳴る音が聞こえた．おいら
　　　は舟を停め，耳をすませた）

　　　　　　　　　　— Mark Twain, *Adventures of Huckleberry Finn* (1884)

　When I *was* と過去形で始め，さらに I *heard* と過去形でつなぎ
ながら，同時に I *stops* and *listens* と現在形を使っています．こ
の stops / listens は過去の意味です．

5.4　複数形に there's を使うのはなぜ

縮約形から生まれた文法　「…がある・いる」と言う場合，単数
には There *is*（または There's），複数には There *are*（または
There're）を使います．ジョン・レノン（John Lennon, 1940-80）の
歌「イマジン」は次のように始まります．

　（11）Imagine *there's* no heaven

（想像してごらん，天国なんかないと）

— John Lennon, "Imagine"（1971）

ところが，次の節では there's の次に countries という複数形が使われています.

（12）Imagine *there's* no countries
　　　（想像してごらん，国なんかないと）

上で there're でなく there's を使っているのは歌のリズムを整えるためです. 縮約形 there're［ðərə］は 2 音節，there's［ðəz］は 1 音節です. ここで there're［ðərə］を使うと音節が 1 つ増え，歌のリズムが整いません. しかし，there's を使った理由はそれだけではありません. 話しことばでは名詞の複数形に対して there's を使うのは珍しくないのです.

　次はコメディ映画『お熱いのがお好き』からの例です. 巡業でフロリダのホテルに投宿した女性ミュージシャンの一行. その 1 人，マリリン・モンロー（Marilyn Monroe, 1926-62）扮する歌手のシュガーに一目惚れした男が部屋に電話して，蘭の花を届けたと伝えます. 受話器を手に電話を受けているシュガーは相部屋のもう 1 人の女性，ドロレスにドアの外を見てきてくれと頼みます. シュガーは次のように複数形の flowers に対して there's を使っています.

（13）　Sugar: Hey, Dolores, will you see if *there's* any flowers
　　　　　　　outside?
　　　　シュガー：ね，ドロレス，部屋の外に花が置いてないか見て
　　　　　　　くれない.

— 映画 *Some Like It Hot*（1959）

書きことばではこのような例は現れません. 書きことばでは縮

約形を使わずに there *is* / there *are* と書きます．このため単数・複数の区別が意識されます．これに対し，話しことばで使う縮約形 there's [ðəz] では is という語がみえにくくなり，次に複数形が現れても違和感がないのです．話しことばでは there's は単に存在を表す標識です．

here's / where's　同じような例は here*'s* / where*'s* にもみられます．次は高校を卒業し，旅立っていく若者の半日を描いた映画『アメリカン・グラフィティ』からの例です．大学に進学するため故郷を離れるスティーブが町に残る友だちに愛車を預け，留守中のメンテナンスを頼む場面です．車のキーを渡しながら次のように言います．ここでは here's に対し，複数形の keys が使われています．

(14)　　　Steve: I've got some very simple instructions for you.
　　　　　　　Here's the keys. First of all, only 30-weight
　　　　　　　Castrol-R.
　　　　スティーブ：メンテナンスのやり方，簡単に教えておく．こ
　　　　　　　　　れがキーだ．まず，エンジンオイル．使うのは
　　　　　　　　　重量30のカストロール R だけ．

　　　　　　　　　　　　　　　　　— 映画 *American Graffiti*（1973）

　次は映画『素晴らしき哉, 人生！』の場面です．ここでは単数の Mary にも複数形の kids（子どもたち）にも where*'s* を使っています．自分の家の前に立つ主人公のジョージ．家は無残な廃墟です．そこには妻のメアリー，そして４人の子どもたちの姿はありません．驚愕したジョージが叫ぶように言います．

(15)　　　George: What's happened to this house? *Where's* Mary?
　　　　　　　Where's my kids?
　　　　ジョージ：この家に何が起きたんだ．メアリーはどこだ．子
　　　　　　　　　どもたちはどこにいる．

　　　　　　　　　　　　　　　　　— 映画 *It's a Wonderful Life*（1946）

❧ 英文法こぼれ話 ❧　アイルランドの香り漂う3人の作家

ジョン・スタインベック　ジョン・スタインベックの父方はドイツ系，母方はアイルランド系です．彼は1952年，アイルランドを訪ね，翌年，「アイルランドに帰る」（I Go Back to Ireland）という記事を雑誌に寄稿しています．そこで彼は次のように書いています．

> アイルランド人なら，アイルランドの血を1滴でも持っている人なら，いつかは先祖の地を訪ねるものだ．

スタインベックにはアイルランドへの強い愛着がありました．彼はさらにことばを続けています．

> 私の半分はアイルランド系だ．残りの血はドイツ語とマサチューセッツの英語で薄まっている．しかし，アイルランドの血はどうにも薄まらない．アイルランドの血統というのはなんとも強いものだ．

マーク・トウェイン　マーク・トウェインは『ハックルベリー・フィンの冒険』の短い「まえがき」で物語に使ったことばについて説明しています．大要，次のようです．

> この本ではいくつもの方言を使っています．ミズーリ州の黒人方言，南西部地方の方言，パイク郡でふつうに使う方言，そしてその派生である4種の方言です．このように説明するのは登場人物のことばがいいかげんだとお思いになる読者もおいでになろうかとの心配からです．

トウェインは登場人物のことばをていねいに書き分けています．彼はアイルランド英語について触れてはいないのですが，

その英語にはアイルランド英語との共通点が数多くみられます.

オー・ヘンリー オー・ヘンリーに "Between Rounds" という作品があります. この round はボクシングなどで言う「ラウンド」と同じ意味で, タイトルは「(繰り返される) 回の合間に」という意味のようです.

物語の場所は記されてはいないのですが, 彼の作品の舞台はたいていニューヨークです. マーフィー夫人が部屋を貸し出している建物. 5月, 月が明るく照らす夜のことです. 2階のマカスキー(McCaskey) さんの部屋からはいつもの夫婦喧嘩の騒動が聞こえてきます. Mc あるいは Mac は「息子」を意味するゲール語で, アイルランド, スコットランドでは人名によくみられます. 英語の名前でよく見るマクドナルド (McDonald) は「ドナルドの息子」というのがその原義です.

さて, いつものように巡回にやってきた警官のクリアリー(Cleary) が下宿屋の2階を見上げ, 騒ぎに耳をすませています. Cleary という名はゲール語起源の姓です. そして彼は警官です. ニューヨークで警官といえばアイルランド系というのが相場です. さて, 2階のマカスキー夫妻の部屋のテーブルには夕食の料理が並び, そこには緑色のシロツメクサ (shamrock) が添えられています. シロツメクサはアイルランドを象徴する植物です. このように物語にはアイルランドゆかりの風物が次々と現れます. この物語にアイルランドが顔を出すのは決して気まぐれとは思えません.

ところが, オー・ヘンリーにはアイルランドとのかかわりが皆目みつかりません. 彼の両親はどちらもノースカロライナ州生まれです. その両親の両親もアメリカ生まれです. オー・ヘンリーの作品はどれもどんでん返しの結末です. しかし, 彼とアイルランドとのつながりの謎は, どうにもどんでん返しに解決というわけにはいきません.

6 黒人英語の謎：破格に見えるのはなぜ

アメリカの映画や小説に独特の色彩を与えているのが黒人英語です．クリオールとして生まれながら，イギリスの地域方言やアイルランド英語とも共通点をもつ，独自の発達をした英語です．

英文法の「なぜ」

・動詞の基本形で過去の意味を表すのはなぜ．

・〈3単現〉なのに -s をつけないのはなぜ．

・are / is を使わないのはなぜ．

6.1　初めて見ると驚く黒人英語

「黄金虫」の英語　ことばの謎解きが好きな人にとってエドガー・アラン・ポー(Edgar Allan Poe, 1809-49)の短編「黄金虫」は見逃せない作品です．大胆な構成と緻密な表現，このような作品が200年近く前に書かれていたのは驚きです．

　登場人物は主人公のウィリアム・レグランド（William Legrand），彼に仕える年寄りの黒人ジュピター(Jupiter)，そして語り手の「私」です．物語の舞台はサウスカロライナ州チャールストン沖合のサリバン島（Sullivan's Island）．ここにはチャールストン防衛のために建設されたムールトリー砦（Fort Moultrie）があります．小説の冒頭，サリバン島とムールトリー砦がていねいに説明されています．ポーは兵士としてムールトリー砦に駐屯したことがあり，そのときの経験をもとにしたのでしょう．レグランドは以前，ニューオーリンズに住んでいたのですが，一家が没落したことでジュピターとともにサリバン島に移ったという設定です．

物語の冒頭，語り手の「私」はサリバン島に親友のレグランド
を訪ねてやってきます．そこにレグランドとジュピターが森から
戻ってきます．レグランドは森でみつけた黄金色に輝く虫につい
て「私」に熱く語ります．彼がその虫の触角について語り出した
とき，ジュピターが割って入ります．ジュピターは antennæ（触角,
antenna の複数形）の -ten- を tin（錫）と聞き誤ったのです．

(1) "Dey aint *no* tin in him, Massa Will, I keep a tellin on you,"
here interrupted Jupiter; "de bug is a goole bug, solid, ebery
bit of him, inside and all, sep him wing—neber feel half so
hebby a bug in my life."

（ジュピターが話に割って入った．「ウィルの旦那，錫でできて
いるわけなどねえ．何度も言ったでがしょ．あの虫は隅から隅
までまぎれもねえ金でできてるだ．羽だけは別ですがね．あの
重さときたら，あの半分の虫も手にしたことはありやせん」）

— Edgar Allan Poe, "The Gold-Bug"（1843）

［注］dey aint no tin = there isn't any tin ❖ ここで dey は there に
同じ．aint（=ain't）については第10章の「10.2 ain't が
論争になるのはなぜ」参照．この文は aint と no で二
重否定だが，ここでは否定の意味．第10章の「10.3 二
重否定で否定を表すのはなぜ」参照．なお，原著では
no は強調のためイタリック．

Massa = Master ❖ 奴隷制度の時代に由来する黒人英語．

keep a tellin = kept telling ❖ keep が過去の意味になるわ
けは本章の「6.2 基本形で過去を表すのはなぜ」参照．
この a は前置詞 on が弱化した形．標準英語では消滅し
た．なお, tellin は telling のくだけた発音．第9章の「9.2
doin' にアポストロフィーがあるのはなぜ」参照．

de = the ／ goole = gold ／ ebery = every ／ sep = except

him wing = his wings ❖黒人英語では him は所有格にも使われる．また，ここで wing は複数形 wings に同じ．黒人英語では名詞に -s をつけないで複数形に使うことがある．

neber = never

feel = felt ❖過去の意味になるわけは本章の「6.2 基本形で過去を表すのはなぜ」参照．

hebby = heavy

私たちの知っている英語で書き直すと次のようです．

(1a) "*There isn't any* tin in him, *Master* Will. I *kept* telling you," here interrupted Jupiter; "*the* bug is a *gold* bug, solid, *every* bit of him, inside and all, *except his wings— never felt* half so *heavy* a bug in my life."

黒人英語の発音　ジュピターのことばには黒人英語の発音の特徴が凝縮して現れています．まず dey (=there) / de (=the) / goole (=gold) / ebery (=every) / neber (=never) / hebby (=heavy) という綴り．これは黒人英語の発音を綴りで表したものです．

標準英語の [ð] は黒人英語では [d] に対応し，綴り字には d が使われます．ここで dey [deɪ] は there，de [də] は the のことです．この dey は they / there のどちらにも対応するのですが，ここでは there の意味です．発音 [ð] が [d] になるというのは不思議な感じがしますが，この２つは聴覚的にはよく似た音です．英語圏の幼児は [ð] の発音ができるようになるまでは [d] で代用します．ちなみに私たちも this を「ジス」と発音すると通じませんが，「ディス」と発音すると通じます．

レグランドが「触角」という意味で使った antennæ の第２音節 -ten- [ten] をジュピターは tin [tɪn]（錫）と聞き誤っています．

94

標準英語の短音［e］は黒人英語の［ɪ］に対応することが多く，そこから起きた聞き誤りです．マーク・トウェインの『ハックルベリー・フィンの冒険』では黒人のジムは git［gɪt］という動詞をよく使います．これは標準英語 get のことです．

　ジュピターのことばの goole［guːl］は gold（金）のことです．この goole は gold［gould］の非標準の発音［guːld］の語末の［d］が落ちたものです．英語では語末に現れる［d］はくだけた発音では破裂させないことがあります．

　1791年，イギリス人辞書編集者ジョン・ウォーカー（John Walker, 1732-1807）による *A Critical Pronouncing Dictionary* という発音辞典が世に出ています．この辞書は当時，行われていた英語の発音のうち，ロンドン中流階級の発音を最良のものとし，それ以外の発音を正す意図から編集されたものです．当時，どのような発音が行われていたかを知ることができます．この辞書は gold に対して［gould］以外に［guːld］という発音が行われていたことを示しています．そして「〈グールド〉という発音が〈ゴゥルド〉より広まってしまったのは嘆かわしい」とも書いています．18世紀から19世紀にかけ，〈グールド〉という発音は広く使われていたようです．プロローグでも触れたジョゼフ・ライトの『英語方言辞典』（1898年）も gold に対し，goold / gool という形を示しています．この gool はジュピターの使う goole と同じものです．

　ジュピターは標準英語の except［ɪksépt］を sep［sep］と発音しています．第1音節の［ɪk］は強勢がなく，弱く発音されるため落ちました．語末の［t］が消えたのは［ept］のような〈母音＋子音＋子音〉という音の連続では語末の破裂音はよく落ちるからです．それがジュピターの使う sep［sep］です．小説ではこのような例はアポストロフィーで語末の子音を略したことを示し，次のような綴りでよく現れます．

bes'（=best）　doan'（=don't）　jis'（=just）　kep'（=kept）
los'（=lost）　mos'（=most）　res'（=rest）　roun'（=round）

　ジュピターは ebery（= every）/ neber（= never）/ hebby（= heavy）
という語を使っています．これは ［v］ を ［b］ で置き換えたも
のです．

　ところで，このように見てくると，黒人英語の発音は標準英語
からはずれた，くずれたものという印象を与えます．しかし，黒
人英語を話す人々は，彼らの英語が「正しい」発音からはずれた
ものとはみじんも考えてはいません．「はずれた」と私たちが考
えてしまうのは標準英語を基準にするからです．黒人英語を基準
にすれば，はずれているのは標準英語のほうです．

6.2　基本形で過去を表すのはなぜ

ジュピターとジムのことば　「黄金虫」の例でジュピターは "I
keep a tellin on you"（何度も言ったでがしょ），"neber *feel* half so
hebby a bug in my life"（あの半分の ［重さの］ 虫も手にしたことは
ありやせん）と言っています．「何度も言った」，「手にしたことは
ない」というのですから動詞は keep / feel でなく kept / felt にな
るはずです．しかし，黒人英語では過去の意味は必ずしも過去形
で表すわけではありません．

　次はマーク・トウェイン『ハックルベリー・フィンの冒険』か
らの例です．ハックは飲んだくれのおやじから逃げ出し，カヌー
で川を渡り，川の中州の島に身を隠します．そして，驚いたこと
にそこでミス・ワトソン所有の黒人奴隷ジムに出会います．ジム
は逃亡してきたのです．当時，奴隷の逃亡もそれを見逃すことも
重大な犯罪でした．「どうしてここにいる」と聞くハックにジム
は答えを渋ります．そして「人には言わないか」と念を押します．

「絶対に言うもんか」と答えるハックにジムは遂に打ち明けます.

　(2)　"Well, I b'lieve you, Huck. I—I *run off.*"
　　　（「ハック, あんたを信じる. おれは, おれは―逃げてきたんだ」）
　　　　　　　— Mark Twain, *Adventures of Huckleberry Finn*（1884）
　　　［注］b'lieve = believe
　　　　　　run off = ran off ❖原著では *run off*（逃げ出す）は強調の
　　　　　　ためイタリック.

　標準英語では *ran* off となるところです. しかし, 黒人英語で
は文脈が過去であることがわかれば過去形を使う必要はありませ
ん. 過去であることは文脈が示しているので過去形で重ねて過去
を示す必要はないのです. ここでジムはなぜ逃げ出したのか, そ
のわけを語っており, 過去の文脈であることはあきらかです.

　黒人英語では同じ文の中に過去形とそうでない形が同時に現れ
ることもあります. 次はジムがなぜ逃げ出したか, その顛末を
ハックに語る場面です. ジムはニューオーリンズに売られるので
はないかと不安になったのです. ニューオーリンズに売られると
いうことはプランテーションでの過酷な労働が待ち受けるという
ことで, 当時, 黒人奴隷がなにより恐れたことでした. 次はその
ジムのことばです. ここでジムは noticed / wuz（=was）という過
去形を使っているのですが, 同時に「…し始めた」という意味で
過去形 began でなく begin を使っています.

　(3)　"But I *noticed* dey *wuz* a nigger trader roun' de place
　　　considable lately, en I *begin* to git oneasy."
　　　（「でも, 気づいたんだ. 近頃, 奴隷商人の姿をこのあたりで見
　　　かけるようになったことに. それで心配になってきた」）
　　　［注］dey wuz = there was ／ roun' = round ／ de = the
　　　　　　considable = considerably ／ en = and

git = get ❖黒人英語では標準英語の［e］は［ɪ］に対応する
　　ことが多い．

　oneasy = uneasy ❖ on- は接頭辞 un- の異綴り．

　黒人英語では一度，文中に過去形が現れれば，その後はもう過
去形を使う必要はありません．これは「文脈が過去であることが
わかれば過去形を使う必要はない」という原則と同じものです．
基本形で過去を表す　ところで，ジムのことばの "I *run* off." の
run，そして "I *begin* to git oneasy." の begin は文法的にはどの
ような形でしょう．主語は 1 人称の I ですからこの run / begin は
現在形とも考えられます．ところが，このような例は主語が 3 人
称単数の場合でも動詞に -s をつけずに現れます．

　次は最近，奴隷商人の姿を見かけるようになったことの続きを
語るジムのことばです．ジムはある夜，家でミス・ワトソンとそ
の姉のダグラス未亡人が話すのを耳にします．ミス・ワトソンは
ジムをニューオーリンズに売れば800ドルになる，それだけの大
金を袖にするのはもったいないと姉に話します．しかし，姉のダ
グラスさんはそんなことをしてはだめとミス・ワトソンを説得し
ようとしたというのです．ジムが語る次のことばで it は「ジム
をニューオーリンズに売る」ということです．

(4) "De widder she *try* to git her to say she wouldn' do it, ..."
　　（「そんなことをしてはだめと未亡人［のダグラスさん］はミ
　　　ス・ワトソンを説き伏せようとしたんだ」）

　　［注］de widder = the widow ❖ミス・ワトソンの姉，ダグラス
　　　　　（Douglas）未亡人のこと．2 人は最近，いっしょに住
　　　　　むようになった．ダグラスさんはやさしい人柄で，物
　　　　　語の冒頭，ハックを養子として引き取る．

　　　　de widder she 「未亡人は」❖この言い方については第 4
　　　　　章の「4.4 Tom Sawyer he のように言うのはなぜ」参照．

git her to say = get her to say（…と言わせようとする）❖
　　git〔gɪt〕は get の黒人英語.
　wouldn'=wouldn't（=would not）

　ここでジムは she *try* to git（=get）と言っています．3人称単数なのに動詞 try に -s がついていないことから，これは現在形ではなく基本形（原形）とわかります．

　黒人英語では文脈が過去であることがあきらかな場合，動詞は基本形でよいのです．映画や小説に現れる黒人英語でまず目にする文法と言えば，過去を表すこの言い方です．

6.3　〈3単現〉なのに -s をつけないのはなぜ

〈3単現〉に -s をつけない　標準英語では〈3単現〉，すなわち3人称単数現在では動詞の語尾に -s をつけます．しかし，黒人英語には〈3単現〉であっても -s をつけない形も現れます．次は映画『ヘルプ　心がつなぐストーリー』からの例です．これはキャスリン・ストケットによる同名の小説を映画化した作品です．白人家庭でメイドとして働く黒人女性ミニー．彼女は女主人からひどい仕打ちを受けたあげく解雇されます．その女主人にこっそり仕返しをした彼女は友だちに電話をし，そのことを打ち明けます．次で she know は標準英語では she *knows* となるところです．

（5）Minny: I done something terrible awful to that woman, and now *she know* what I done.
　　ミニー：あの女にすごいことをしてやったわよ．何をされたか，もうわかってるはず．

　　　　　　　　　　　　　　　　　　　　　　　　― 映画 *Help*（2011）
　〔注〕I done = I did ❖第2章の「2.1 I seen / I done と言うのはなぜ」参照．

terrible = terribly ❖ここでは次の awful を修飾する．第 3
章の「3.3 real や awful を副詞に使うのはなぜ」参照．

〈3 単現〉の -s を使わないこのような言い方は黒人英語以外の
非標準英語にもみられるのですが，なによりも黒人英語に特徴的
な文法です．

由来はクリオール　〈3 単現〉の -s を使わないこの言い方はクリ
オールから生まれたからとみられます．異なった言語を話す人が
なんとか意思を通じさせようとすると細かな屈折を無視した言い
方でやりくりします．第 1 章「英語のたどった道」で見たハワイ
のクリオールの例では標準英語で He isn't coming today, is he?
（彼，今日は来ないよね）と言うところを，He no *come* today,
yeah? と言っていました．主語が he なのに動詞 come には〈3
単現〉の -s はついていません．

　ただし，いつもそうだというわけではありません．小説『ヘル
プ 心がつなぐストーリー』では主人公エイビリーンはだいたい -s
をつけずに言います．しかし，他の黒人メイドには -s をつけて
話す人もいます．黒人英語では〈3 単現〉の -s をつけることも，
つけないこともあるのです．

　〈3 単現〉の -s をつける場合もある，つけない場合もあるとい
うのはいいかげんに思えます．しかし，ことばは常に他のことば
の影響を受けています．とりわけ非標準英語を話す人は標準英語
が話される環境ではその影響を受けやすいものです．そこに標準
英語の言い方が入り込み，両方の言い方が使われるようになりま
す．しかし，話し手はそのような揺れに気づくことはありません．
それは私たちが日本語で「みられる」と「みれる」の両方を使い
ながらそれに気づかないのに似ています．

6.4 are と is が現れないのはなぜ

表に現れない are と is 標準英語で She *is* a fine girl.（すてきな女の子だ）と言うところを，黒人英語では She a fine girl. のように言います．be 動詞が現れないことから〈ゼロ繋辞〉（zero copula）または〈繋辞の欠如〉（copula absence）と呼ばれます．「繋辞」（copula）とは，「…である」という意味に使う be 動詞の別名です．これは黒人英語の大きな特徴で，be 動詞のうち are と is にみられます．

次はアクション・コメディ映画『ラッシュアワー』からの例です．ロサンゼルス市警の黒人刑事カーターが計略を使って爆弾犯をまさに逮捕しようとしたその瞬間，事情を知らない警官2人が現れ，計略を台無しにします．カーターを人質にとった犯人は警官に銃を向け，牽制します．しかし，カーターは機転を利かせて犯人を倒し，犯人は銃を落とします．そのとき，カーターが警官に叫ぶことばです．ここには is が現れていません．

(6) Carter: All right. All right. *Everything cool* now. *He down. The gun down.*

カーター：もういい，もういい．だいじょうぶだ．やつは倒れた．銃も落とした．

— 映画 *Rush Hour*（1998）

標準英語では Everything *is* cool now. He *is* down. The gun *is* down. となるところです．

次は用例（5）に取り上げた映画『ヘルプ 心がつなぐストーリー』からの例です．差別されながら白人家庭でメイドとして働く黒人女性．その窮状に心を痛めた若い白人女性スキーターはメイドたちへのインタビューをもとに本を出そうとします．協力者となったミニーは黒人メイドに声をかけるのですが，白人の目を

恐れるメイドたちはだれも手を貸してはくれません．協力者を集めるむずかしさをミニーがスキーターに語ります．ここには標準英語に現れるはずの are がありません．

(7) Minny: *They* all too *scared*. Think *we crazy*.
　　　ミニー：みんなおびえてる．私たち，頭がおかしいと思ってるの．

— 映画 *The Help*（2011）

　［注］Think = They think ❖直前の文に主語 They が現れていることから，ここでは省略している．

標準英語では They *are* all too scared. They think we *are* crazy. となるはずのものです．

標準英語では　標準英語でもくだけた話しことばでは are が現れないことがあります．次はカール・ハイアセンの少年少女向けミステリー小説『HOOT』からの例です．中学生のベアトリクスが友だちのロイをその場に残し，かけ出していきます．その背中にロイが声をかけます．

(8) "Hey, *where you* going?" he called after her.
　　　（「おい，どこに行くんだ」ロイはベアトリクスの背中に声をかけた）

— Carl Hiaasen, *Hoot*（2002）

これは次のように are が縮約され，さらに省略されたものです．

　where *are* you　→　where*'re* you　→　where you

省略に見えるが　しかし，用例（6），（7）で is と are が現れないのは省略ではなく，黒人英語特有の文法であるというのが多くの研究者の考えです．それは〈ゼロ繋辞〉はどのような場合にも起きるわけではないからです．〈ゼロ繋辞〉が起きるのは are と is

に限られていて，am に対して使うことはまずありません．また，過去形の was / were に使うこともありません．さらに〈ゼロ繋辞〉が現れるのは主語が代名詞の場合，あるいは主語が名詞でその語尾が子音で終わる場合に限られます．用例（6）のカーター刑事のことば *"Everything* cool now. *He* down. *The gun* down."，そして用例（7）のミニーのことば *"They* all too scared. Think *we* crazy."*はこのきまりに従っています．

6.5 人称にかかわりなく be を使うのはなぜ

〈不変の be〉 この〈ゼロ繋辞〉とともに黒人英語特有の文法と言えるのが〈不変の be〉と呼ばれるものです．主語の数・人称にかかわらず be を使います．それをキャスリン・ストケットの小説『ヘルプ 心がつなぐストーリー』の例で見てみましょう．これはまことに黒人英語の宝庫と言える小説です．

1960年代，黒人女性は白人家庭でメイドとして働くのがふつうでした．メイドとして働くエイビリーンの月収は172ドル．そこから家賃，電気，水道，ガスの支払いを済ませると手元に残るのは週に13ドル50セント．これで食費などの生活費をまかなわなければなりません．それでもやりくりできるのは隣家のアイダ・ピークがわずかばかりの家庭菜園で育てるキャベツやトマトを分けてくれるからです．そのエイビリーンに友だちのミニーから電話がかかってきます．ミニーもメイドとして働いています．次はエイビリーンが語ることばです．エイビリーンが苦しい家計について語ったところで段落が変わり，ミニーからかかってきた電話の話になります．次は段落の最後の文，そして次の段落の冒頭です．

（9）Thank the Lord for Ida Peek, else I *be* eating nothing.

My phone ring, making me jump. Before I can even say hello, I hear Minny. She *working* late tonight.
（これもアイダ・ピークのおかげだ．でなければ食べていくことはできない．

　　　電話が鳴って私を驚かせた．受話器を取るなり聞こえたのはミニーの声だ．ミニーは今夜，遅くまで働いているのだ）

— Kathryn Stockett, The Help（2009）

［注］else　そうでなければ（otherwise）

　　　ring / can / hear　❖ここで ring / can / hear は過去の意味で使われている．本章の「6.2 基本形で過去を表すのはなぜ」参照．

　　　She working late = She is working late ❖〈ゼロ繋辞〉を使った言い方．

　ここで I *be* eating nothing. は進行形ですが，これは場面からわかるように今，眼前で行われていることではなく，「毎日，食べて（＝生活して）いくこと」という習慣的・長期的な意味です．黒人英語の be はこのように長期にわたるできごとや習慣を表し，これを〈不変の be〉（invariant *be*）と呼びます．「不変」というのは主語の数・人称により形を変えず，常に be であるからです．標準英語にはこの用法はありません．

　これに対し，〈ゼロ繋辞〉を使った She *working* late tonight. も進行形ですが，tonight（今夜）ということばが使われていることからわかるように，ミニーは「今夜は遅くまで働いている」ということで，これは「いつも，習慣的に」という意味ではありません．このような場合，〈不変の be〉を使って She *be working* late tonight. と言うことはできません．

未来も表す be　〈不変の be〉にはもうひとつ未来を表す用法があります．次も同じ小説『ヘルプ 心がつなぐストーリー』から

の例です．白人家庭のメイド，ミニーは家事の途中，バスルームでなにやら異変が起こったことに気づきます．ドアを開けて飛び込むと，そこには女主人が床に座り込んでいます．血の跡もあります．ミニーはすぐさま医者に電話をし，女主人のもとにかけ戻ります．

（10）"Doctor Tate *be* here real soon. They calling him up at home."
　　（「テイト先生，すぐにおいでになります．今，ご自宅に電話してもらっています」）

　　　　　　　　　　　　　　　　　— Kathryn Stockett, *The Help*（2009）

　　［注］real = really ❖ real が副詞として使われるわけは第3章の「3.3 real や awful を副詞に使うのはなぜ」参照．
　　　　　They calling him up = They *are* calling him up ❖ are を表に出さない〈ゼロ繋辞〉の言い方.

　"Doctor Tate *be* here real soon."（テイト先生，すぐにおいでになります）は〈不変の be〉を使った言い方で，ここでは未来を表します．標準英語では Doctor Tate *will be* here real soon. となるところです．〈不変の be〉は黒人英語が現れる小説では数多く目にします．『ヘルプ 心がつなぐストーリー』には習慣的なことを表すもの，未来を表すもの，両方で92回を数えます．

〈不変の be〉の由来　〈不変の be〉はどのようにして起こったのでしょう．その由来についてはクリオール説，アイルランド英語説などがありますが，決定的なものはないようです．言語学者リックフォード（John R. Rickford, 1949-）は will が省略されたものと見ています．黒人英語では help［help］のような語では［l］が落ち，he'p［hep］という発音になることがあります．同じような脱落が will［wɪl］にも起こり，結局，［l］だけでなく will がまるまる落ちたというのです（*African American Vernacular*

English, 1999).

　しかし，社会言語学者のラボフはその見方には懐疑的です．た
しかに I will be のように母音で終わる I［aɪ］のような語が will
の前に現れれば，will は弱くなり，消えていくことは十分考えら
れます．しかし，用例（10）の Tate［teɪt］のように子音で終わ
る名詞が will の前に現れる場合は，縮約され，消えていくこと
は考えにくいことです（"Coexistent Systems in African-American
English," 1998).

　ラボフは〈不変の be〉には時制についての情報はなく，この
be は時制的には無色であると考えています．この be がどのよう
な色に染まるか，すなわち be がどのような意味になるかは文脈
が決めるというわけです．未来の文脈の中でこの be が使われれ
ば，それは未来の意味を帯びることになります．用例（10）の
Doctor Tate *be* here *real soon.* には未来を表す real soon（すぐに）
ということばがあります．未来の意味を引き出しているのはこの
文脈だというのがラボフの考えです．

6.6　done で完了を表すのはなぜ

done を使った完了形　イギリスの地域方言，アイルランド英語，
黒人英語には用法が重なるものが数多くあります．どれがどれに
影響を与えたのか，それを見極めるのはなかなかむずかしいこと
です．その中で黒人英語特有の文法と言えるのが done を使った
完了形です．標準英語で〈have+ 過去分詞〉で表す完了を黒人英
語では〈done+ 過去形〉で表します．

　次はここで繰り返し例に引いているキャスリン・ストケットの
小説『ヘルプ 心がつなぐストーリー』からの例です．小説の冒頭，
黒人のメイド，エイビリーンが自分の半生を語ることばです．白
人の子どもを育てるのは黒人メイドの仕事です．

（11） I *done raised* seventeen kids in my lifetime.
　　　（私はこれまで17人の子どもを育ててきた）
　　　　　　　　　　　　　　　— Kathryn Stockett, *The Help*（2009）

　この done を have で置き換え，*done* raised を *have* raised と読むと私たちが知っている現在完了形になります．この raised は過去分詞のようにも見えますが，過去形とされます．もっとも黒人英語では過去形と過去分詞は形が同じであることが多く，見た目では区別できません．

　黒人英語の話者も〈have+過去分詞〉という形で現在完了を使うこともあります．しかし，これは標準英語からの借用のようです．黒人英語の話者はいわばバイリンガルで黒人英語と標準英語を場面によって使い分けます．

驚きの気持ち　黒人英語の話者にとって〈done+過去形〉という言い方は標準英語の〈have+過去分詞〉にはない，心の琴線に触れる響きがあると言われます．とりわけ，思いがけない驚きの気持ちがあるとされます．次も小説『ヘルプ　心がつなぐストーリー』からの例です．ある日，白人家庭で夜，遅くまで家事をしたエイビリーンは暗くなってからバスで自宅に向かいます．ところが，バスは途中で急に止まります．

（12） The bus *done stopped* in the middle a the road.
　　　（バスは道の途中で止まった）
　　　　　　　　　　　　　　　— Kathryn Stockett, *The Help*（2009）
　　　［注］the middle a the road = the middle of the road ❖黒人英語
　　　　　　では of が弱化して a[ə] になることがある．

　夜，遅くとはいえ，帰宅するのにいつも乗るバス．深夜，それが急に止まったのです．「いったいどうして」という驚きがここにはあるようです．

この〈done＋過去形〉という言い方は黒人英語だけでなく，南部の白人の英語にもみられることがあります．それは南部の白人家庭の子どもは黒人女性のメイドに育てられ，黒人英語が白人に伝わることがあったからです．

否定文には ain't　この〈done＋過去形〉という現在完了は否定文には使いません．それは done という語にすでに肯定的な断定の意味があるからです．否定の意味の現在完了には done に代えて ain't を使います．この ain't は haven't / hasn't からきた言い方です．その由来については第10章で見ます．

　次は同じく小説『ヘルプ 心がつなぐストーリー』に現れる例です．黒人のメイドに育てられた白人の若い女性スキーター．黒人女性の境遇を知った彼女はメイドからの聞き取りをもとに本を書こうとしています．聞き取りに応じる覚悟を決めた黒人メイドのエイビリーンが夜，こっそりスキーターを家に招き入れます．初めて白人を家に入れたことに動揺するエイビリーンの手が震え，カップに紅茶を注ぐポットのふたがカタカタと音を立てます．

（13）　"I *ain't* never *had* a white person in my house before."
　　　（「これまで白人が家に入ったことはないの」）

　　　　　　　　　　　　　　　　— Kathryn Stockett, *The Help*（2009）

　　　［注］ain't と never で否定のことばを重ね，否定を表している．
　　　　　　❖第10章の「10.3 二重否定で否定を表すのはなぜ」
　　　　　　参照．

標準英語では I *have* never *had* a white person in my house before. となるものです．

6.7　黒人英語はどこから来た

クリオールの誕生　さて，非標準英語の中でも特異な文法をもつ

黒人英語はいったいどのように生まれたのでしょう。これを知るにはやはり歴史をたどってみなければなりません。大航海時代以降，ヨーロッパと西アフリカの間には長い通商の歴史がありました。それを担ったのはポルトガル人，スペイン人です。ヨーロッパからアフリカには織物や銃が送られ，アフリカからヨーロッパには象牙や香辛料が積み出され，大きな富を生み出していました。そのような交渉の中で西アフリカの人々はキリスト教化し，アフリカの言語とヨーロッパの言語が混じり合い，クリオールが生まれていました。

その後，カリブ海諸島でサトウキビ・プランテーションが開かれ，莫大な利益が上がるようになると，その担い手はポルトガル人，スペイン人からイギリス人に替わっていきます。そして，その労働力として目をつけられたのが西アフリカの黒人です。

カリブ海諸島，そしてその後のアメリカ大陸におけるプランテーションに連れて行かれた黒人たちは西アフリカを出る前にすでに英語と現地のことばとの間に生まれたピジン，クリオールに触れる機会があったと考えられています。黒人奴隷が西アフリカを出るとき，すでに黒人英語の下地があったのです。

そのクリオールは奴隷となった黒人には生きるうえで必須のものでした。白人はアフリカで黒人を捕らえると，同じ部族をいっしょにしませんでした。また，家族も離ればなれにさせることもありました。集団での反乱を防ぐためです。また，白人は黒人を家畜と同じように見ましたから，英語をまともに教えることはありませんでした。白人の命令が理解できればよい

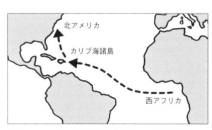

図6.1　カリブ海諸島を経由した大西洋の奴隷貿易ルート

という考えだったのです．異なる部族の人々の間で意思を通じ合わせるためにはピジン，クリオールは必須のことばでした．

非標準英語との出会い　黒人奴隷はアフリカからそのままアメリカに運ばれたわけではありません．まず運ばれたのはカリブ海諸島のプランテーションです．そこで黒人たちはアイルランド英語に出会ったとみられます．カリブ海に浮かぶ島，バルバドスはカリブ海におけるイギリス最初の植民地です．その白人人口の5分の1は年季奉公のアイルランド人でした．西アフリカでピジン，クリオールとして生まれた黒人英語はカリブ海諸島で変容を遂げたとみられます．

　カリブ海諸島からアメリカ大陸に運ばれた黒人たちはそこでさらに新しい英語に接します．南部のプランテーションで労働に従事していたのは黒人奴隷だけではありません．そこで働いていたのは5年から7年の年季奉公としてしてアメリカに渡ったアイルランド系の人々，そしてブリテン島各地から渡ってきた貧しい人々です．そこに伝わったのはアイルランド英語，そしてイギリス各地で話された地域方言，そして社会方言です．

　なかでも黒人英語にとりわけ大きな影響を与えたとされるのがアイルランド英語です．黒人英語にはアイルランド英語と共通する特徴が数多くあります．アイルランド系の移民はアメリカでは差別を受ける存在でした．白人とみなされないことすらありました．たがいに差別されるアイルランド系の人々と黒人の間には気持ちの通い合うものがあったようです．黒人英語はアイルランド英語と出会うことで，その特徴を数多く共有することになったとみられます．

❧ 英文法こぼれ話 ❧　もうひとつの『風と共に去りぬ』

『風と共に去りぬ』　マーガレット・ミッチェル（Margaret Mitchell, 1900-49）の『風と共に去りぬ』（*Gone with the Wind*, 1936）は出版から100年を経ずにすでに古典の地位を得ている作品です．南北戦争を背景に主人公スカーレット・オハラ（Scarlett O'Hara）の自由奔放な生き方を描きます．この作品は黒人英語の宝庫でもあります．本文は標準英語で書かれていますが，黒人のことばは非標準英語です．

図6.2　『風と共に去りぬ』初版

　物語の幕開けはタラ（Tara）と呼ばれるオハラ家の大農場．大邸宅のポーチにはタールトン家の双子の若者ブレントとスチュアートの2人を侍らせるようにスカーレットが座っています．2人にとってスカーレットは想いの人です．しかし，スカーレットにとって2人は友だちにすぎません．もうすぐ夕食が始まります．2人は「いっしょに夕食をどうぞ」とスカーレットが引き留めてくれるのを待ちかねているのですが，彼女からそのようなことばが出る気配はありません．しかたなく2人は黒人の従者を従えて馬に乗り，立ち去ります．

　そこに家の中から乳母のマミー（Mammy）が出てきます．マミーはスカーレットを子どものときから育てた忠実な黒人です．2人の若者が帰ったことを知ったマミーはやんわりとスカーレットをたしなめます．小説の中でマミーが初めて話すことば

です．標準英語に直したものを「＝」で示します．マミーのことばの中に現れるポーク（Poke）はオハラ家の料理人です．

（1）"Is de gempmum gone? Huccome you din' ast dem ter stay fer supper, Miss Scarlett? Ah done tole Poke ter lay two extry plates fer dem. Whar's yo' manners?"

＝ "*Are the gentlemen* gone? *How come* you *didn't ask them to* stay *for* supper, Miss Scarlett? *I have told* Poke *to* lay two *extra* plates *for them. Where're your* manners?"

（だんなさんがたはお帰りになったのかね．スカーレットお嬢様，夕食をごいっしょにとお誘いにならなかったのはどうしてです．だんなさんがた2人分，余計にお食事を用意するようポークに言っておいたのに．礼儀っていうものがあるでしょう）

— Margaret Mitchell, *Gone with the Wind*（1936）

作品の光と影 1936年，『風と共に去りぬ』は出版されると，たちまちベストセラーとなり，翌年，ピューリッツァー賞を得ています．押しも押されもせぬ名作です．出版から3年後の1939年，監督ヴィクター・フレミング（Victor Fleming, 1889-1949），主演ヴィヴィアン・リー（Vivien Leigh, 1913-67），クラーク・ゲーブル（Clark Gable, 1901-60）で映画化された作品はさらに評判を呼びました．翌年，第12回アカデミー賞では『風と共に去りぬ』は最多の8賞を獲得し，さらに特別賞までも得ています．スカーレットの乳母マミーを演じたハティ・マクダニエル（Hattie McDaniel, 1893-1952）もアカデミー助演女優賞を得ています．マクダニエルはアカデミー賞を得た初めての黒人俳優です．

しかし，小説も映画も光だけではありませんでした．厳しい批判もありました．それは黒人は白人に劣り，白人に仕える存在というステレオタイプで描いているという批判です．作品は

南北戦争当時の南部社会をありのままに描いたものです．しかし，そこには黒人に対する差別の深い根が宿されていたことも否めません．

　1939年12月，映画の初上映会がアトランタのロウズ・グランド劇場（Loew's Grand Theater）で開かれました．数多くの出演者・関係者が招かれたのですが，そこにマミーを演じたマクダニエルの姿はありませんでした．ロウズ・グランド劇場は白人専用であったからです．翌年2月，ロサンゼルスのアンバサダー・ホテル（Ambassador Hotel）でアカデミー賞授賞式が執り行われました．ここに彼女は出席しています．しかし，座らされたのは広間の隅の別テーブルです．アンバサダー・ホテルは白人専用で，彼女が出席できたのは特別の計らいによるものでした．

『風去りぬ』　2001年，このような差別に抗するように痛快な小説が現れました．黒人の女性作家アリス・ランドル（Alice Randall, 1959-）による The Wind Done Gone です．この〈done gone〉は〈done＋過去形〉という黒人英語の現在完了です．ここで gone は過去形とされます．つまり，〈go / gone / gone〉という活用です．先の用例（1）のマミーのことば Ah done tole Poke（＝I have told Poke）の〈done tole〉も同じ形です．この作品の邦訳はまだ出ていません．原作『風と共に去りぬ』にならってタイトルをつけるとすれば『風去りぬ』となるでしょうか．

　この小説のカバーには The Unauthorized Parody（非公認パロ

図6.3　*The Wind Done Gone*（未邦訳）

ディ）とあります．「非公認パロディ」というのはマーガレット・ミッチェルの作品を管理するスティーヴン・ミッチェル・トラスト（Stephen Mitchel Trusts）からの公認を得ていないという意味です．

　ここでパロディということばを使ってはいますが，作品は軽いものではありません．マーガレット・ミッチェルの原作はスカーレットを中心に白人の視点で描いたものですが，ランドルの小説は女性の黒人奴隷シナーラ（Cynara）の目を通して描いたものです．シナーラは農場主の主人とその彼が所有する黒人奴隷マミーとの間に生まれた娘です．原作のスカーレットはアザー（Other）という名前で現れます．そして，シナーラの母親マミーは実の娘よりも主人の娘アザーを溺愛します．

　ランドルの小説が原作をどのように換骨奪胎したか，ひとつだけ例を見てみましょう．原作『風と共に去りぬ』は冒頭，スカーレットの魅力を語る次の文で始まります．

(2) Scarlett O'Hara was not beautiful, but men seldom realized
　　 it when caught by her charm as the Tarleton twins were.
　　 （スカーレット・オハラは美人とは言えなかった．しかし，ター
　　 ルトン家の双子の若者2人がそうであったように，彼女の魅力
　　 に惹かれた者でそのことに気づく男はまずいなかった）
　　　　　　　　　　　　　　— Margaret Mitchell, *Gone with the Wind* (1936)

　ランドルの『風去りぬ』では冒頭，アザーを次のように描写しています．語り手はシナーラです．

(3) My half sister, Other, was the belle of five counties. She
　　 was not beautiful, but men seldom recognized this, caught
　　 up in the cloud of commotion and scent in which she
　　 moved.

（母親違いの姉妹アザーは近隣5郡の名花であった．彼女は美人とは言えなかった．しかし，その立ち居振る舞いが周囲に起こす心の騒ぎ，そしてその香りに囚われるとそのことに気づく男はまずいなかった）

— Alice Randall, *The Wind Done Gone*（2001）

　ランドルの文章は原作に比べ深みすら感じさせます．

　この作品が世に出るにあたっては紆余曲折がありました．『風去りぬ』を出したのは出版大手のホートン・ミフリン社（Houghton Mifflin）です．そのホートン・ミフリン社を相手にマーガレット・ミッチェルの作品を管理するスティーヴン・ミッチェル・トラストが出版差し止めの訴えを起こしたのです．第1審ではトラスト側の訴えが認められ，本の販売が差し止められました．しかし，その1か月後，控訴審では逆に出版が認められました．『風去りぬ』は『風と共に去りぬ』と同じ登場人物が現れるもののストーリーは異なるという理由から著作権侵害にはあたらないとの結論が下ったのです．その後，ホートン・ミフリン社はマーガレット・ミッチェルとつながりのある黒人系大学に寄付を行うことでトラスト側と和解し，著作権問題は決着しました．

✖✖ 7 疑問文・否定文の謎：
　　助動詞 do を使わないのはなぜ

一般動詞を使った疑問文・否定文には助動詞 do / does / did が現れます．しかし，映画や小説では do / does / did を使わない疑問文・否定文を目にすることがあります．また，動詞 have には疑問文に *Do* you *have* ...? と *Have* you ...? という2つの言い方があります．

英文法の「なぜ」

・What *you did*?（何をしたの）と言うのはなぜ．

・If I *mistake not*（私の思い違いでなければ）と言うのはなぜ．

・*Do* you *have* ...? / *Have* you ...? 両方の言い方をするのはなぜ．

7.1　What you doing? と言うのはなぜ

よく省略される be 動詞　be 動詞の意味は無色透明です．なくても意味が理解できます．このため，スペースに限りがある道路標識や新聞の見出しではよく略されます．「この先，通行止」という道路標識〈ROAD CLOSED AHEAD〉は The road *is* closed ahead. を簡略に言ったものです．家に帰ってきた人が「だれかいる？」と声をかける場合，"Anybody home?" と言います．これは "*Is* anybody home?" を簡略に言ったものです．

　疑問詞 who / what / when / where / why / how を使った疑問文を〈wh- 疑問文〉と言います．くだけた話しことばでは〈wh- 疑問文〉で be 動詞がよく落ちます．次はロマンチック・コメディ映画『ティファニーで朝食を』からの例です．ニューヨークのアパート．窓辺でギターを弾き語りする若い女性ホリー．その彼女

を上の階から若い男ポールがみつめています．彼は作家です．歌い終えたホリーは男に気づいてあいさつをし，「何してるの」と尋ねます．

(1) Holly: What *you doing*?
     Paul: Writing.
     ホリー：何してるの？
     ポール：本を書いてる．

　　　　　　　　　　　　　　　　— 映画 *Breakfast at Tiffany's*（1961）

　ホリーのことばは What *are* you doing? のくだけた言い方で，これは次のように are の縮約形 're が弱くなり，消えたものです．

　　what *are* you　→　what*'re* you　→　what you

have / has でも　このような省略は助動詞 have / has にもみられます．次はロマンチック・コメディ映画『或る夜の出来事』からの例です．上司と衝突して仕事を失った新聞記者のピーター．しばらく姿を消していた彼がひょっこり，なじみの酒場に現れます．そのときの店主トニーのことばです．現在完了形ですがhave がありません．

(2) Tony: Where *you been* all this time? Everybody's been
          asking about you.
     トニー：いったいどこにいたんだ．みんな，おまえのことを聞
     　　　　いていたぞ．

　　　　　　　　　　　　　　　　— 映画 *It Happened One Night*（1934）

　これは次のように have の縮約形 've が消えたものです．

　　where *have* you　→　where*'ve* you　→　where you

do / does / did と〈wh- 疑問文〉　一般動詞を使った〈wh- 疑

問文〉では who / what を主語に使う場合を除いて助動詞 do / does / did が現れます.「何が知りたい」は What *do* you want to know? と言います. ところが, 映画や小説では do / does / did が現れない〈wh- 疑問文〉を目にすることがあります.

　次はギャングの殺し屋の人間模様を描いた映画『パルプ・フィクション』からの例です. 黒人のジュールスが車を運転しています. 運転席の横に座っているのは白人のヴィンセントです. ヴィンセントは大麻の扱いがゆるやかなオランダから帰ったばかりです.「何が知りたい」と問い返すヴィンセントの疑問文には do がありません.

(3) 　　　　　Jules: Okay, so tell me again about the hash bars.
　　　　　Vincent: Okay, *what you want* to know?
　　　ジュールス：〔大麻を扱う〕ハッシュ・バーとかいう店の話,
　　　　　　　　もう一度, 教えてくれ.
　　　ヴィンセント：何が知りたい.

　　　　　　　　　　　　　　　　　　— 映画 *Pulp Fiction*（1994）

　　〔注〕hash = hashish（ハッシュ, 大麻からつくる麻薬）❖ hash
　　　　bar とはそのような品を扱う店.

これは次のように縮約形が弱くなり, 消えたものです.

　　what *do* you → what*'d* you → what you

このような例は縮約形の省略によるもので, 標準英語のくだけた話し方に現れます.

7.2　What you did? と言うのはなぜ

黒人英語の〈wh- 疑問文〉　黒人英語にも do / does / did を使わない〈wh- 疑問文〉があります. しかし, それは上で見たような

縮約形を省略したものではなく，黒人英語独特の疑問文です．

　次はキャスリン・ストケットの小説『ヘルプ　心がつなぐストーリー』を原作とした同名の映画からの例です．黒人メイド，ミニーは燭台を盗んだとして白人の女主人から解雇され，それを人に言いふらされるという不当な仕打ちを受けます．ミニーはこっそり仕返しをします．どのような仕返しをしたのかと友だちのエイビリーンが尋ねるのですが，ミニーは口を閉ざします．

(4)　　　　Aibileen: What *you did*?
　　　　　　Minny: I can't tell you.
　　　　エイビリーン：何をしたの？
　　　　　　　ミニー：それは言えない

— 映画 The Help（2011）

　エイビリーンの言う What you did? が助動詞 did を省略したものであれば，元の形は What *did* you *do*? です．ここから did を省略すると What you *do*? になってしまいます．

　もうひとつ例を見てみましょう．次はアクション・コメディ映画『ラッシュアワー』からの例です．ロサンゼルス市警の黒人刑事カーターは捜査の手がかりを得ようと，裏社会の情報に通じている従弟を仕事場に訪ねます．2人はいつも教会で顔を合わせる仲です．

(5)　　　　Carter: Why *you didn't come* to church Sunday?
　　　　カーター：日曜日，どうして礼拝に来なかった？

— 映画 Rush Hour（1998）

　カーターのこのことばは標準英語では Why *didn't you come* to church Sunday? となるものです．黒人英語では上のように〈疑問詞＋主語＋動詞〉という語順で疑問文をつくることがあります．

　これは ain't を使った否定の疑問文でも同じです．この ain't は

第10章でくわしく見るのですが，am not / are not / is not / have not / has not を表す非標準の縮約形です．次はビル・ビバリーの犯罪小説『東の果て，夜へ』からの例です．ロサンゼルスの麻薬組織で働く黒人少年４人．裁判の証人の口封じを組織に命じられ，車でウィスコンシンに向かいます．車での長旅にあきあきした少年の１人がどうして飛行機で行かないのかと不平を言います．

(6) "Why *we ain't* flying?"
　　（「どうして飛行機で行かねえんだ」）

— Bill Beverly, Dodgers（2016）

標準英語では Why *aren't* we flying? となるところです．

　黒人英語にみられるこの〈wh- 疑問文〉は一般に "Why *that is*?"（なぜそうなんだ）や "What *that is*?"（それは何だ）のような短い言い方で現れます．標準英語にはみられない語順です．

7.3 If I mistake not と言うのはなぜ

ポアロのことば　一般動詞を使った否定文には I *do* not know.（私は知らない）のように助動詞 do / does / did が現れます．しかし，アガサ・クリスティー（Agatha Christie, 1890-1976）はその作品の中で探偵ポアロに if I mistake not（私の思い違いでなければ）という言い方をさせています．次は短編「コーンワルの毒殺事件」からの例です．ポアロのもとに女性が相談にやってきます．話を聞き，女性を送り出したポアロが親友のヘイスティングスに語ります．

(7) 'Yes, if I *mistake not*, we have here a very poignant human drama.'
　　（「そう，私の思い違いでなければ，これはなんとも痛恨の人間

ドラマです」)

— Agatha Christie, "The Cornish Mystery"（1923）

　ポアロの if I *mistake not* という言い方は私たちの知る文法からはずれたものです.

　これは英語の古い言い方が残ったものです. 英語では古くは動詞の後に not をつけて否定文をつくっていました. 助動詞 do / does / did を使う方法はその後に現れました. そして do / does / did を使う言い方が現れてからも1700年頃までは両方の言い方が使われていました. 否定文に助動詞 do を使うことが一般的になったのは18世紀半ば以降のことです.

　次は1719年に出たダニエル・デフォー（Daniel Defoe, 1660-1731）の『ロビンソン・クルーソー』からの例です. 孤島に上陸して1か月が過ぎた11月14/15/16日の日誌です.

(8) On one of these three days I killed a large bird that was good to eat, but I *knew not* what to call it.
（この3日のうちのある日, 大きな鳥を仕留めた. 食べてみるとおいしい. だが, 何という名前か知らない）

— Daniel Defoe, *The Life and Strange Surprizing Adventures of Robinson Crusoe*（1719）

　この小説では knew not という否定の言い方は41回使われています. それに対し, do not know / did not know は10回で, know not という言い方のほうが優勢です.

　英語には否定の言い方として *mistake not* / *know not* の他にも *care not*（気にしない）/ *doubt not*（疑わない）/ *fear not*（恐れない）などが残っています. これらは今に残った古風な言い方です. 日本語でも「知らぬ存ぜぬ」のように古風な言い方が今でも顔を現しますが, これに近い感じです.

新旧のせめぎ合い 「私の思い違いでなければ」は今では if I am not mistaken のように言うのがふつうです．しかし，この言い方はすんなりと社会に受け容れられたわけではありません．『オックスフォード英語辞典』は英語を歴史的に記録した辞書です．この辞書に記録されている if I am not mistaken のもっとも古い用例は1875年のものです．

　この言い方が現れた150年ほど前，*Common Blunders Made in Speaking and Writing*（話すとき，書くときによく見る誤り）という16ページの小さな冊子がイギリスで発行されています．著者は役者に発声法を教えていたチャールズ・スミス（Charles W. Smith, 生没年不詳）という人です．これは「誤った」文法や言い方をあげ，それに対する「正しい」言い方を示したものです．この冊子でスミスは次のように書いています．

"If I am *not mistaken*," should be, "If I *mistake not*."
（If I am *not mistaken* は If I *mistake not.* と言わなければならない）

　新しい言い方が現れても，社会は古い伝統的な言い方に固執する傾向があります．探偵ポアロはフランス語を母語とするベルギー人で英語は外国語として学んだようです．彼の英語は律儀で格調があります．ポアロには古風な if I mistake not という言い方がよく似合っています．

7.4　How come ...? と言うのはなぜ

How dare you! 英語の古い語順が今に残ったのは if I mistake not のような否定文だけではありません．否定文以外にも古い語順が残っているものがあります．"How *dare* you!"（よくもそんなことを）もそのひとつです．

　2019年９月，国連の気候行動サミットで16歳のスウェーデン人

高校生グレタ・トゥーンベリ（Greta Thunberg, 2003-）さんはスピーチの中で怒りを込めて "How *dare you*!"（よくもそんなことを）と4回繰り返しました．地球温暖化を無視する大人たちは子どもたちに「環境保護活動をするより学校で勉強しなさいと言う．よくもそんなことが言えますね」という文脈で語ったことばです．

　この dare は元来，「大胆にも行う」という意味の動詞でした．そこから「あえて…する」という意味で助動詞的な使い方をするようになりました．しかし，現代英語ではまだ動詞の性質も残しています．グレタさんのことばをわかりやすく言えば How dare you *say things like that*!（よくもそんなことを言えますね）ということですが，How dare you!（よくもそんなことが言える・できる）だけで決まった言い方として使います．

　英語では疑問文は元来，〈動詞＋主語〉という形で，そこに do / does / did はありませんでした．グレタさんのことばの "How *dare you*!" は疑問文の古い語順が残ったものです．彼女のスピーチの講演筆記では "How dare you!" と感嘆符を使っていますが，これは "How dare you?" という疑問文による反語的な言い方です．

How come ...?　〈動詞＋主語〉という疑問文の古い語順を残した言い方は他にもあります．「どうして…なのか」という意味で使う How come ...? もそのひとつです．次はエド・マクベイン（Ed McBain, 1926-2005）の警察ミステリー小説『マネー・マネー・マネー』からの例です．100ドル札100枚の1万ドルが偽札と判明します．シークレット・サービスも捜査しているのですが，彼らは偽札であることに気づいていないようです．刑事たちがそれについて話す場面です．

　(9) "*How come* they didn't recognize it as fake?"
　　　（「シークレット・サービスが偽札と気づかなかったのはどうし

てだ」)

— Ed McBain, *Money, Money, Money*（2001）

　これは how come を why に置き換え，"*Why didn't they recognize it as fake?*" と言っても意味はほぼ同じです．違うのは why を使った言い方では語順が *didn't they* recognize であるのに対し，how come を使った言い方では *they didn't* recognize であることです．

　これは次のような How comes it that ...? という形から生まれたものとみられます．

（9a）　"*How comes it that* they didn't recognize it as fake?"

　この it はいわゆる形式主語で that 以下の内容を指します．動詞 come は「来る」という原義から「…が生じる，起こる」という意味で使われています．ここで comes it は〈動詞＋主語〉という疑問文の古い語順です．この it ... that という形が略され，How come ...? という言い方が生まれました．

How goes it?　主語と動詞を倒置させて疑問文をつくる古い語順は come や go など単音節語の動詞に決まった言い方として残っています．次はロバート・アンダーヒル（Robert Underhill, 1920-）の推理小説 *The Clue is Grammar*（カギは文法にあり［未邦訳］）からの例です．大学の英語学の教授が文法を手がかりに事件を解決します．捜査にあたるのは2人の郡保安官，ジェニングズとダスティ．ダスティを訪ねてきたジェニングズがあいさつをします．主語 it と動詞 goes が倒置し，疑問文をつくっています．

（10）　"Morning, Dusty. How *goes it*?" Jennings greeted him.
　　　（「ダスティ，おはよう．どんな具合だ？」ジェニングズがあいさつをした）

— Robert Underhill, *The Clue is Grammar*（2017）

［注］Morning = Good morning

　この it は場面・状況を表す使い方です。"How goes it?" で「状況はどのように進んでいますか」という意味になります。「どうですか」というほどの意味で使われるあいさつです。

　ここで現在形 goes は「…進んでいる」という進行の意味で使われています。シェイクスピアの頃までは現在形で進行形の意味も表していました。決まったあいさつのことばであることから古い英語の言い方が残りました。

7.5　Have you ...? と Do you have ...? どちらを使う

have を使った疑問文　私が中学校 1
年で教わった英語教科書は *Jack and
Betty* というものでした。全国の中学
校の 8 割で採用されたという人気の教
科書です。この教科書では動詞 have
を使った疑問文は主語と動詞を入れ替
えた〈動詞＋主語〉という形でした。
次は中学生のジャックがクラスメート
のベティに尋ねることばです。

図7.1　教科書 *Jack and Betty*

（11）　　Jack: How many sisters
　　　　　have you?
　　　ジャック：姉妹は何人ですか。

　　　　— 英語教科書 *Jack and Betty*, 1 st Step 第 4 版（1956年）

　私は *Jack and Betty* で習った最後の世代だったようです。次の
年，2 年生になると教科書は別のものに変わりました。そして，
その新しい教科書では have を使った疑問文は do を使った *Do*

you have any brothers or sisters? という言い方になりました．これには大いにとまどいました．

シェイクスピアでは　古英語では疑問文は主語と動詞を入れ替えた〈動詞＋主語〉という形でした．その後，疑問文に do を使う言い方が始まり，シェイクスピアの頃には一般動詞の疑問文は〈do＋主語＋動詞〉という形がふつうになっていました．しかし，have だけは〈動詞＋主語〉という語順が残りました．シェイクスピアの作品では動詞 have を使った疑問文はすべて〈動詞＋主語〉という形です．

　次はシェイクスピアの『トロイラスとクレシダ』に現れる例です．若い娘クレシダに叔父のパンダラスが男を見る目について論す場面です．動詞 know には do を使って疑問文をつくっているのに，have には使っていません．

（12）　Pandarus: Well, well! Why, *have* you any discretion?
　　　　　　　　Have you any eyes? *Do* you *know* what a man
　　　　　　　　is?
　　　　パンダラス：おやおや，おまえに判断力はあるのか．人を見る
　　　　　　　　　　目はあるのか．男というものがどんなものかわ
　　　　　　　　　　かっているのか．
　　　　　　　— Shakespeare, *Troilus and Cressida*（1 幕 2 場）

　その後，have に対しても疑問文に do を使う言い方が始まりましたが，do を使わない〈動詞＋主語〉という語順の古い言い方も残りました．動詞 have を使った疑問文に 2 つの形があるのはこのためです．

アメリカ英語では　助動詞 do を使う言い方はアメリカ英語で広く使われるようになりました．しかし，そのアメリカ英語でも〈動詞＋主語〉という語順で疑問文に have を使うこともあり，使い方には揺れがあります．

次はハーパー・リー（Harper Lee, 1926-2016）の小説『アラバマ物語』からの例です．舞台は人種差別が根強く残る1930年代の南部アラバマ州の町．無実の罪で黒人が裁判にかけられます．その弁護に立ち上がった白人弁護士アティカスが法廷で証人に尋問する場面です．アティカスは証人が保安官に語った記録を示した後，これに付け加えることはないかと証人に尋ねます．ここでアティカスは *Do* you *have* という言い方をしています．

(13) "*Do* you *have* anything to add to it?"
　　（「何か付け加えることはありますか」）

　　　　　　　　　— Harper Lee, *To Kill a Mockingbird*（1960）

ところが，このすぐ後，別の証人への尋問でアティカスは次のように〈動詞＋主語〉という語順で質問するのです．

(14) "How many sisters and brothers *have* you?"
　　（「兄弟姉妹は何人ですか？」）

　助動詞 do を使った "*Do* you have ...?" という言い方はアメリカ英語とされます．この言い方がアメリカで使われるようになったのはかなり新しく，20世紀になってからのことです．それまではアメリカでも疑問文は "Have you ...?" という言い方がふつうでした．『アラバマ物語』の舞台である1930年代はアメリカで "Do you have ...?" という言い方が使われ始めた時代です．この当時，have を使った疑問文には "Have you ...?" と "Do you have ...?" の2つの形がありました．アティカスが両方の形を使っているのはそのためです．その後，アメリカ英語では "Do you have ...?" という言い方が勢いを増し，今ではこれが標準的な言い方になっています．

　イギリス英語では "Have you ...?" が標準的な言い方でした．しかし，近年，アメリカ英語の力が増し，イギリス英語に影響を

与えるようになりました．その結果，イギリス英語でも1960年代になってから"Do you have …?"という言い方が使われ始め，今ではイギリスでもこちらのほうがふつうになりました．

have got　ところで，これに関連してもうひとつ have got という言い方に触れておかなければなりません．イギリス英語ではくだけた言い方で「…を持っている」と言う場合，次のように have got を使います．

> I*'ve got* a question.（質問があります）
> *Have* you *got* some change?（小銭，ある？）

形は現在完了ですが，意味は現在です．答える場合は Yes, I have. または No, I haven't. と言います．

　さて，この節の冒頭に引いた中学校英語教科書 *Jack and Betty* の"How many sisters *have you*?"という疑問文に戻りましょう．この教科書がつくられた1950年代，アメリカ英語では"Do you have …?"という言い方が"Have you …?"と肩を並べるまでに勢いをつけていました．しかし，それでも"How many sisters *have you*?"という言い方が選ばれたのはこれが教科書だったからです．教科書は規範になるものです．そのため，新旧2つの言い方がある場合，実績のある古い言い方を選ぶ保守的な傾向があります．

⚘ 英文法こぼれ話 ⚘　裁判で争われた黒人英語

アナーバーでのできごと　アメリカの歴史に名を残した裁判は数多くあります．1977年7月，ミシガン州アナーバー（Ann Arbor）で始まった裁判もそのひとつです．原告はマーチン・ルーサー・キング・ジュニア小学校児童等（Martin Luther King Jr. Elementary School Children et al.），被告はアナーバー学校区教育委員会（Ann Arbor School District Board）です．争われたのは黒人英語は正統な言語であるかどうかということでした．

　アナーバーはミシガン州東部，人口12万の町で，ミシガン大学の所在地として知られています．人口構成は白人80%，黒人13%，アジア系・ラテン系7%です．1960年代，アナーバーでは同じ地域にまとまって住む低所得者層を Green Road と呼ばれる道路沿いに分散して居住させる政策がとられました．その対象となったのは実質，黒人です．そしてその子どもたちが通うことになったのがマーチン・ルーサー・キング・ジュニア小学校です．

　そこで生徒の学力論争が起きました．黒人生徒の読解力は芳しくなく，彼らは学習障害（learning disabled）と判定されました．そして，発達障害児のクラスに入れられたり，下の学年に移されるといった措置がとられました．納得しなかったのは親です．子どもたちは家庭でも地域でもふつうに生活していて学習障害などあるはずはなく，子どもたちの権利が侵害されていると訴訟を起こしたのです．

黒人生徒の英語　学校が黒人生徒を学習障害と判定したのはテストの結果からです．たとえば，音声聴取テストでは，黒人生徒は pin〔pɪn〕と pen〔pen〕を聞き分けることができませんでした．さて，ここで第6章「黒人英語の謎：破格に見えるのは

なぜ」で取り上げたエドガー・アラン・ポーの「黄金虫」を思い出されることでしょう．黒人のジュピターはレグランドが言った antennæ（触角）の第2音節 -ten- [ten] を tin [tɪn]（錫）と聞き誤りました．これは標準英語の短音 [e] が黒人英語の [ɪ] に対応することが多いことから生じた誤解です．これは私たちが英語の l と r を聞き分けるのを困難に感じるのと同じです．この聞き分けができないのは決して学習障害ではありません．

　裁判では黒人生徒の次のようなことばも取り上げられました．

　My momma name is Annie, and my daddy name is James.
　（ママの名前はアニー，パパの名前はジェイムズです）

標準英語では my momma's name（ママの名前），my daddy's name（パパの名前）のように -'s を使うところです．しかし，黒人英語では所有格に -'s をつける必要はありません．これは〈ゼロ所有格〉（zero possessive）と呼ばれる正統な黒人英語です．

言語学者の奮闘　裁判では黒人英語は独立した言語であるかどうかが争点になりました．というのもアメリカでは言語によって市民を差別してはならないという規定があるからです．もし黒人英語がアメリカ英語の方言であるなら，黒人英語はアメリカ英語です．しかし，黒人英語がアメリカ英語とは別の独立した言語であるのなら，教育委員会のとった扱いは差別です．

　この裁判で原告側の証人に立ったのがウィリアム・ラボフ，J. L. ディラードらの言語学者です．彼らは Green Road に住む黒人児童のことばを丹念に収集し，それをアメリカの他の地域の黒人のことばと比較していきました．そして，彼らのことばはアメリカの他の地域の黒人英語と変わりないことを示しました．すなわち，アナーバーの黒人生徒のことばは方言ではないと証明したのです．

とはいえ，当時，学会でも黒人英語の性格について決して意見が一致していたわけではありません．クリオールから生まれたとする説，アメリカ本土の地域方言に影響されたとする説が対立していました．それでも言語学者たちは法廷での証言に向けて研究を集約していく中で，黒人英語はクリオールから発し，アメリカ本土で独自の発達をした言語であるという一致した結論に達しました．法廷はあたかも言語学会の研究発表会場のようでした．

アナーバー裁決　訴えから 2 年後の1979年 7 月，連邦地裁判事ジョイナー(Charles W. Joiner, 1916-2017) は，黒人英語を話す子どもたちに対し教師の側に否定的な意識が形成されていたことを認め，原告勝訴の判決を下しました．さらに教師に対し黒人英語の特徴と歴史について研修を行うこと，そして黒人児童が標準英語を理解できるよう手だてを講じることを求めました．アナーバー教育委員会は判決を検討したうえで上訴を断念し，ここに黒人英語は独立した言語であるという判例が確定することとなりました．これは「アナーバー裁決」(Ann Arbor Decision) と呼ばれ，黒人英語の地位を認めた画期的な判決となりました．

8 語順の謎：said Poirot のように言うのはなぜ

英語は長い歴史の中で〈主語＋動詞＋目的語〉という語順を定着させてきました．しかし，小説で使われる直接話法には古来からの語順が今も使われています．

英文法の「なぜ」

・「…とポアロは言った」を said Poirot と言うのはなぜ．
・「…と私は言った」を says I と言うのはなぜ．
・So am I.（私もそうだ）のように言うのはなぜ．

8.1 「…とポアロは言った」を said Poirot と言うのはなぜ

直接話法と間接話法　人の言ったことばを伝える言い方には直接話法（direct speech）と間接話法（indirect speech）があります．直接話法とは人の言ったことばをそのまま伝える言い方です．間接話法とは人の言ったことばの「内容」を伝える言い方です．

次はかつて広く使われた中学校英語教科書 *Jack and Betty* に初めて現れる直接話法です．イソップ物語の「キツネとカラス」の話で，カラスがチーズを口にくわえ，木にとまっています．そのチーズをねらうキツネがカラスに声をかけます．

（1）He said, "Good morning, Mrs. Crow. What a fine morning it is!"
　　（キツネが言いました．「おはよう，カラスさん．なんとすてきな朝でしょう」）

　　　　　　　　　　　— 英語教科書 *Jack and Betty*, 1st Step 第 4 版（1956）

直接話法ではこのように動詞に say を使うことが多く，一般に

コンマに続けて引用符で人のことば
を伝えます．上の He said のように
「…は言った」という部分を伝達節
（reporting clause）と言います．

伝達節の語順　ところが，小説では
このような直接話法はほとんど目に
しません．伝達節はたいてい主語と
動詞を倒置させた〈動詞＋主語〉と
いう形で文末に現れます．次はアガ
サ・クリスティー『オリエント急行
殺人事件』からの例です．

図8.1 『オリエント急行殺
人事件』初版

(2) "An excellent idea," *said
Poirot.*
（「名案ですな」ポアロが言った）

— Agatha Christie, *Murder on the Orient Express*（1934）

　小説に使われる直接話法で一番多いのがこの形です．主語は
Poirot，動詞は said，そして目的語は "An excellent idea," で，〈目
的語＋動詞＋主語〉という語順です．

　これは人のことばを伝えるのに英語で古くから使われてきた言
い方です．英語では古くは人のことばを引用して「…は言った」
と言う場合，今では廃語となった quethe（言う）の過去形 quoth
（言った）を使っていました．そして，これはいつも〈動詞＋主語〉
という形で文末または文中に置かれました．

　次はロバート・ルイス・スティーヴンソンの『宝島』終章から
の例です．ホーキンズ少年とスモレット船長たちは海賊との戦い
に勝利します．しかし，島には海賊がまだ3人残っています．1
人は熱病にかかっているようです．医者のリヴシーは人の命を救
うのが医者の使命だとその海賊を救おうとします．それに対し，

今は降伏しているロング・ジョン・シルヴァーが「そんなことは
やめたほうがいい」と言います．

（3）"Ask your pardon, sir, you would be very wrong," *quoth*
Silver.
（「差し出がましいようだが，そいつは大間違いですぜ」シル
ヴァーが言った）

— Robert Louis Stevenson, *Treasure Island*（1881-82）

［注］Ask your pardon = I ask your pardon ❖失礼を詫びる表現．
ここでは降伏した身でありながら，ことばを差しはさ
む無礼を詫びたもの．

　小説や物語で人のことばを引用するのに古来から使われてきた
のがこの形です．引用されることばを先に出し，〈動詞＋主語〉
という形で伝達節を文末に置きます．引用されることばを文頭に
出すのは，だれが言ったかよりも何を言ったか，その内容に関心
があるからです．

引き継がれた語順　直接話法のこの古い語順は今でも小説に引き
継がれています．次はアガサ・クリスティーの『オリエント急行
殺人事件』とアーサー・コナン・ドイルの短編集『シャーロッ
ク・ホームズの冒険』（*The Adventures of Sherlock Holmes*, 1892）で
ポアロとホームズを主語とする伝達節の語順です．〈主語＋動詞〉
という語順が現れるのは『オリエント急行殺人事件』の3回だけ
です．

『オリエント急行殺人事件』		『シャーロック・ホームズの冒険』	
said Poirot	117回	*said* Holmes	107回
Poirot *said*	3回	Holmes *said*	0回

　『オリエント急行殺人事件』で3回だけ Poirot said という言い
方が使われているのには理由があります．それを次の例で見てみ

ましょう.

(4) "That we must discuss," *Poirot said* with a warning glance.
（「それについては検討せねばなりませんな」ポアロは戒めるような目で言った）

　　　［注］That we must discuss. = We must discuss that. ❖強調のため that（それ）を文頭に出している.

　ここで with a warning glance（戒めるような目で）を文末に置いたのはここに意味の焦点があるからです. 発話の中で相手に伝えたい, 新しい, 大事な情報を「焦点」(focus) と言います. 焦点は一般に発話の最後に現れます. この例は「ポアロは戒めるような目で言った」というより「…と言うポアロの目には戒めの色があった」というのがその気持ちです.

　この with a warning glance は said にかかる修飾句です. そのため, said に直接つないで Poirot *said with a warning glance* という語順にしています. これは Poirot said という語順を使った他の２つの例についても同じです. 『オリエント急行殺人事件』で３回 Poirot said という言い方をしているのは理由があってのことです. 結局, 『オリエント急行殺人事件』も『シャーロック・ホームズの冒険』も伝達節は〈動詞＋主語〉という語順であると言えます.

〈主語＋動詞〉の語順　　しかし, 伝達節に〈主語＋動詞〉という語順を使う作品もあります. 次はカール・ハイアセンの少年少女向けミステリー小説『HOOT』(*Hoot*, 2002), そして弁護士ペリー・メイスンが活躍する E. S. ガードナー(Erle Stanley Gardner, 1889-1970) のミステリー小説『臆病な共犯者』(*The Case of the Nervous Accomplice*, 1955) で主人公ロイとメイスンを主語とする伝達節の語順です. この２作では〈主語＋動詞〉という語順が圧倒しています.

『HOOT』		『臆病な共犯者』	
said Roy	37	*said* Mason	0
Roy *said*	131	Mason *said*	347

　伝達節に使われる語順は作品の性質とかかわりがあるようです．
『HOOT』と『臆病な共犯者』は話しことば的な作品です．『臆病
な共犯者』の作者 E. S. ガードナーは口述筆記により作品を書き
ました．彼の作品が話しことば的なのはこのためです．このよう
な作品では〈主語＋動詞〉という語順が好まれるようです．

　これに対し，『オリエント急行殺人事件』と『シャーロック・
ホームズの冒険』は本格派ミステリーです．このような重厚な作
品では〈動詞＋主語〉という伝統的な伝達節の語順が似合うよ
うです．

代名詞が主語の場合　本格派ミステリーであっても，主語が代名
詞の場合は〈主語＋動詞〉という語順が基本です．次は『オリ
エント急行殺人事件』でのポアロのことばです．

(5)　"Précisément," *he said.*
　　（「まさしく」ポアロは言った）

　　　　　　— Agatha Christie, *Murder on the Orient Express*（1934）
　　〔注〕précisément〔フランス語〕　まさにそのとおり．❖英語の
　　　　　precisely（まさに）にあたる．

　『オリエント急行殺人事件』では代名詞 he を主語とする伝達節
は144回現れるのですが，これはすべて he said という語順です．
倒置した said he という言い方は一度も使われていません．これ
はリズムのためです．"Yés," he sáid.（「そうだ」と彼は言った）は
〈強弱強〉という英語らしい安定したリズムです．これに対し，
"Yés," sáid he. とすると〈強強弱〉となり，リズムがぎこちなく
なります．

ただし，said he という言い方をしないかというとそうでもありません．『シャーロック・ホームズの冒険』では倒置しない he said は17回，倒置した said he は137回現れます．代名詞であっても倒置した said he が圧倒しています．これは伝達節の伝統的な語順を踏まえたからのようです．古くは主語が代名詞の場合も伝達節には quoth he（=said he）のように倒置した語順を使っていました．

次はシェイクスピア『お気に召すまま』からの例です．ジェークイズという廷臣が森で戯け者に出会ったと話す場面です．

(6)　　　Jaques: 'Good morrow, fool,' *quoth I*. 'No, sir,' *quoth he*,

　　　ジェークイズ：「戯け者，おはよう」と私は言いました．するとやつは「そんなことはありませぬ」と申したのです．

　　　　　　　　　　　— Shakespeare, *As You Like It*（2幕7場）

［注］Good morrow = Good morning ❖あいさつのことば．今では廃れた．morrow は「朝」の意で，今では詩的な言い方．

文の途中に現れる伝達節　伝達節が引用する文の途中に現れることもよくあります．次は『オリエント急行殺人事件』からの例です．

(7)　"That depends," *said Poirot*, "on the point of view."
　　　（「それは見方によりますな」ポアロが言った）

　　　　　　— Agatha Christie, *Murder on the Orient Express*（1934）

このように伝達節を引用文の途中に置くのは，ひとつには文体を単調にしないためです．いつも文末に said Poirot を置くと単調になります．また，このように said Poirot を文の途中に置く

ことで，最後まで読まなくても話者がだれか，先に知ることができ
きるという利点もあります．

8.2　「…と私は言った」をsays I と言うのはなぜ

says I という言い方　オー・ヘンリーの短編「マックの身代金」
（発表は1904年，短編集 *Heart of the West*，1907に収録）は英文法・語
法がカギになる作品です．しかし，ここでの話題はその英文法で
はありません．この作品で使われている直接話法の伝達節です．
この短編では「…と彼女は言った」は says she，「…と私は言っ
た」は says I という形で現れるのです．そして，これはオー・ヘ
ンリーの「マックの身代金」に限った話ではありません．

　この短編はアンディという男がリボウサという娘の恋の成就に
手を貸す話です．リボウサにはエディという愛する男がいます．
エディはクロスビーという男の経営する食料品店で働いているの
ですが，給料は月に35ドル．とても結婚できる収入ではありませ
ん．金に不自由しないアンディは1千ドルあげるから店を買い取
りなさい，そしてエディと結婚しなさいとリボウサにもちかけま
す．「今日，5時にエディと結婚式をあげることを承諾してくれな
いか」(..., would you consent to marry him this evening at five o'clock?)
と頼むアンディにリボウサは二つ返事で承諾します．物語の語り
手はアンディです．

(8)　"A thousand dollars?" *says she*. "Of course I would."
　　　"Come on," *says I*. "We'll go and see Eddie."
　　　We went up to Crosby's store and called Eddie outside.
　　　（「千ドルですって．もちろんお受けするわ」リボウサが言った．
　　　「よし，いっしょにエディに会いに行こう」おれは言った．
　　　リボウサとおれはクロスビーの店に行き，エディを店の外に呼

び出した）

— O. Henry, "The Ransom of Mack"（1904）

これは過去形で語られる物語です．それは We *went* up to Crosby's store and *called* Eddie outside.（リボウサとおれはクロスビーの店に行き，エディを店の外に呼び出した）と書いていることからあきらかです．ところが，伝達節は *says* she という現在形です．さらに不思議なのは *says* I です．1 人称の主語 I に対し動詞 say に〈3 単現〉の -s がついています．

この物語では他にも I *says*（…とおれは言った），*says* he（…と彼は言った），*says* Mack（…とマックは言った），*says* Rebosa（…とリボウサは言った）のように伝達節に says を使う形が繰り返し現れます．また，I *asks*（…とおれは尋ねた），*answers* Miss Rebosa（リボウサさんは…と答えた）のような言い方も現れます．これは say に代えて別の動詞を使ったもので，これも伝達節です．

この物語には直接話法は49例現れます．そのうちひとつだけ I *said* と過去形を使った伝達節があるのですが，残りの48例はすべて *says* she や *says* I のような現在形です．そして，意味が過去であることに疑問の余地はないのです．

オー・ヘンリーの「マックの身代金」が特別というわけではありません．伝達節に says I を使う言い方は他の作家の作品にもみられます．マーク・トウェインの『ハックルベリー・フィンの冒険』には37回現れます．語り手である主人公ハックはたいていこの言い方をしています．この小説では I said, "……" という形の直接話法は現れません．ジョン・スタインベックは『怒りの葡萄』で I says という言い方を41回使っています．

歴史的現在とする説　過去について語るのに現在形 says を使うのはなぜでしょう．これについては第 5 章の「5.3〈3 単現〉でないのに -s がつくのはなぜ」ですでに触れています．映画『我

が道を往く』でアイルランド系の警官パットが Who do you think I *runs* into?（だれに出会ったと思う？）という言い方をしていました．パットは昨夜のできごとを今，それが眼前に展開しているかのように語っているのです．これを歴史的現在（historical present）と呼びます．

パットが I run*s* と 1 人称の主語に対し，動詞に -s をつけているのは古い時代の英語に由来するものです．非標準英語には今でもこの言い方が見られます．これについても第 5 章の「5.3 〈3 単現〉でないのに -s がつくのはなぜ」ですでに触れています．

ところで，マーク・トウェイン研究者の後藤弘樹氏はこれについて別の見方をしておられます．自分が自分について歴史的現在で語るとき，語り手は自分を客観化し，3 人称のようにとらえているというのが後藤氏の考えです（『マーク・トウェインのミズーリ方言の研究』，1993 年）．この考えによれば says I の says は実質〈3 単現〉ということになります．

アイルランド英語とする説　この says I についてはアイルランド英語由来とする見方もあります．アイルランドの元来のことば，ゲール語の言い方がアイルランド英語に入ったというものです．ゲール語では直接話法で「…は言った」と言う場合，動詞 arsa（言う・言った）を使います．

次はアーサー・コナン・ドイルの短編「ボヘミアの醜聞」（"A Scandal in Bohemia," 1891）のゲール語訳の例です．自分のことをあれこれ言い当てるホームズにワトソンは辟易します．上が元の英語，下がゲール語訳です．

(9) "My dear Holmes," *said I*, "this is too much."
　　　"Mo daor Holmes," *arsa mise*, "is é seo ró i bhfad."
　　（「おいおい，ホームズ．もうたくさんだ」私は言った）

上で arsa は「言う」という意味の動詞，mise は「私は」という

1人称代名詞です. この arsa はゲール語では特別な動詞で, 人称により変化せず, そのままの形で現在形, 過去形のどちらも表します. したがって上は「私は言った」とも「私は言う」とも読めるのです. これは人称により変化しませんから, 英語の John にあたる Seán を主語にして「…とショーンは言った」と言う場合も arsa の形は変わらず, arsa Seán と言います. この arsa の使い方は says I (…と私は言った), says she (…と彼女は言った) の says の使い方とそっくりです.

この says I がアイルランド英語由来とする見方にさらに説得力を与えているのが, それが現れる位置です. この arsa mise は文頭に使うこともあります. 英語でも Says I を文頭に使うことがあります. 次はマーク・トウェイン『ハックルベリー・フィンの冒険』からの例です. 物語の冒頭, ハックはダグラスおばさんの家に引き取られています. 彼は夜中, 部屋を抜け出してトム・ソーヤーと会うつもりです. しかし, 物音を立ててはおばさんに気づかれます. 外で猫が鳴きました. 「こいつはいいや」と彼は猫の鳴きまねをしてこっそり抜け出します. 次で says I は文頭に現れています.

(10) *Says I*, "me-yow! me-yow!" as soft as I could, and then I put out the light and scrambled out of the window on to the shed.

（おいらはできるだけかわいい声で「にゃあにゃあ」と言った. それから灯りを消し, 窓からはい出して物置の上に出た）

— Mark Twain, *Adventures of Huckleberry Finn* (1884)

どちらの説を採る 今から150年ほど前にイギリスで発行された *Common Blunders Made in Speaking and Writing*（話すとき, 書くときによく見る誤り）の話は前章で紹介しました. この「英語べからず集」は says I という言い方についても次のように取り上げ

ています．

　"*Says* I," should be, "*Said* I," or "I *Said*."
　("Says I" は "Said I" または "I said" と言わなければならない)

　『オックスフォード英語辞典』は英語を歴史的に記録した辞書です．この辞書に記録された says I という言い方のもっとも古い用例は1682年のものです．以後，19世紀には上のような注意がされるほどに広まっていたようです．

　『オックスフォード英語辞典』はこの says I という言い方について次のように説明しています（say の項3b）．

　　この用法では3人称単数現在はしばしば口語的な言い方で過去形
　　said に代えて用いられる．

　しかし，その『オックスフォード英語辞典』も由来については触れていません．この says I という言い方が歴史的現在であるのか，ゲール語由来であるのか，あるいは両方がその背景にあったものか，残念ながらこれ以上，踏み込むことができません．

8.3　So am I.（私もそうだ）と言うのはなぜ

So am I. と So I am. よく使われるのになぜそのような意味になるのかわからない言い方があります．「私もです」という意味で使う So *am* I. / So *do* I. もその例です．

　次はヘミングウェイ『武器よさらば』からの例です．第1次大戦中のヨーロッパ．イタリアからスイスに逃れたフレデリックとキャサリンは山中の家で暮らし始めます．初めて雪が降った朝，「雪の中を歩いてみよう」というフレデリックの提案に「食欲が出るようにお昼前に歩くのがいいわね」とキャサリンが言います．次はそれに続く会話です．フレデリックが答え，さらにキャサリ

ンが同意します.

(11) "I'm always hungry."
　　"*So am I.*"
　　(「ぼくはいつもお腹がすいてるけどね」)
　　「私もよ」)
　　　　　　　　　　　— Ernest Hemingway, *A Farewell to Arms*（1929）

　これとよく似ているものに So *I am.* という言い方があります.
これは「そのとおりです」という意味です. 次はヘミングウェイ
の短編「こころ朗らなれ, 誰もみな」からの例です. クリスマス
の日, 患者の処置をめぐって2人の医師が話しています. ユダヤ
教徒であるフィッシャー医師が「われらが救世主」（our Saviour）
と口にしたのをウィルコックス医師が揶揄します. ユダヤ教では
キリストを救世主とは認めません.

(12) "Our Saviour? Ain't you a Jew?" Doctor Wilcox said.
　　"*So I am. So I am.*"
　　(「われらが救世主? 君はユダヤ教徒ではないのかね」ウィル
　　コックス医師が言った.
　　「ああ, そうだ, そうだ, ユダヤ教徒だ」)
　　— Ernest Hemingway, "*God Rest You Merry, Gentlemen*"（1933）
　　　[注] ain't = aren't you ❖この言い方については第10章の「10. 2
　　　　　 ain't が論争になるのはなぜ」参照.
　　　　　 God Rest You Merry, Gentlemen 「皆さま, 神があなた
　　　　　　 がたを心豊かにしてくださいますように」クリスマ
　　　　　　 スキャロルの題名, またその歌詞. 歌詞には Jesus
　　　　　　 Christ our Saviour（救世主イエス・キリスト）とい
　　　　　　 うことばが現れる. rest は「…を～にしておく」の意.
　　　　　　 なお, gentlemen では男性しか表さないため, 今では

gentlefolk とすることもある。❖「こころ朗らなれ，誰もみな」は柴田元幸氏による翻訳の題名。

強勢と焦点　この "So am I." と "So I am." が上のような意味になるのは焦点の違いからです。焦点（focus）については本章の「8.1『…とポアロは言った』を said Poirot と言うのはなぜ」ですでに触れています。焦点というのは相手が知りたい情報，話し手が伝えたい情報，いわば意味の重心です。

　さて，Só am Í. では I（私）が文末に置かれ，ここに焦点があります。焦点は一般に文末に現れます。ここでは主語 I が文末に現れることで語順が倒置しています。また，これは強弱強という整ったリズムです。ここで I に焦点が置かれるということは「（あなただけでなく）私も」という意味になり，それが「私もそうです」という意味を引き出します。

　Só I ám. では am が文末に現れることで，ここに強勢が置かれます。ふつう強勢がない語でも文末の位置では強勢をつけて発音します。肯定の返事，Yés, I ám. や Yés, I dó. で am, do に強勢が置かれるのはそのためです。Só I ám. では am が焦点です。つまり，be 動詞の表す「…である」という意味が強調され，「そのとおり」という意味が引き出されます。

　次は恋人や友だちに送るカードなどでよく書かれる詩です。これは韻を踏んだ，リズムの整った詩で押韻詩（rhyme）と呼ばれます。2 行目の blue と 4 行目の you が同じ［uː］という音にそろえられ，韻を踏んでいます。強勢は（´）で示した部分にあります。

（13）Róses are réd,　　ばらは赤く
　　　Víolets are blúe,　すみれは青く
　　　Súgar is swéet,　砂糖は甘く
　　　And *só are yóu.*　やさしいあなた

最後の行はうまく日本語になりません．これは And you are also sweet.（あなたも甘い［やさしい］）の意味です．ここでは3行目で「甘い」という意味で使った sweet を受け，それを「やさしい」という意味にかけています．

🐚 英文法こぼれ話 🐚　　翻訳の腕を見分ける法

　大学に入って英米文学の最初の授業で読んだ（というより読まされた）のがシャーロット・ブロンテ（Charlotte Brontë, 1816-55）の小説『ジェーン・エア』（*Jane Eyre: An Autobiography*, 1847）でした．しかし，とても「読んだ」とは言えません．現れる単語は知らないものばかり，文は長く，とても私の手に負えるものではありませんでした．先生はシャーロット・ブロンテの妹エミリー・ブロンテ（Emily Brontë, 1818-48）の『嵐が丘』（*Wuthering Heights*, 1847）を翻訳された方でした．

　ある日，授業で次のような一節に出会いました．場面は寄宿学校の部屋．バーンズという少女が１人で静かに本を読んでいます．ジェーンは話がしたいのですが，バーンズは本に目を落としたままです．なかなか声をかけるきっかけがつかめません．

And in five minutes more she shut it up. I was glad of this. "Now," thought I, "I can perhaps get her to talk." I sat down by her on the floor.

（それから５分ほどして彼女は本を閉じた．うれしかった．「さあ，これでお話ししてもらえるかも」と私は思った．そしてバーンズのそばの床の上に座った）

先生がぽろりと漏らすように言われました．

　いい翻訳かどうか，それを手っ取り早く見るには，このような例を見るのです．これを〈「さあ」と私は思った．「これでお話ししてもらえるかも」〉のように訳している翻訳は信用できません．ジェーンは頭の中で「さあ」と考えて，そこで切り，それから「これでお話ししてもらえるかも」と別々に考えたのではありません．

「さあ，これでお話ししてもらえるかも」と思ったのです．

　小説ではこのように引用する文の途中に伝達節を置くことが
よく行われます．それからしばらくの間，私は英語の小説でこ
のような例に出会うと，どのように訳しているか，翻訳を読み
比べていました．

9 綴り字と発音の文法：究極の言文一致

　小説には辞書にない綴り字の語がよく現れます．発音をそのまま綴り字で表したものです．英語は綴り字と発音が一致しないことが多いのですが，小説では発音どおりに綴ることがよく行われます．いわば，究極の言文一致です．

英文法の「なぜ」

・must of という表記を使うのはなぜ．

・-ing を -in' と綴るのはなぜ．

・going to を gonna，want to を wanna と綴るのはなぜ．

9.1　辞書にない綴り字が現れるのはなぜ

ポパイの決めぜりふ　日本でも人気を博したテレビアニメ「ポパイ」（Popeye）は元はアメリカの新聞連載のコミックでした．これは *Thimble Theatre* という題名のシリーズで，オリーブ・オイル（Olive Oyl）や兄のカスター・オイル（Castor Oyl）たちが主人公でした．ポパイが登場したのは1929年のことで，彼はほんのわき役でした．次はそのときの初めてのせりふです．場所は波止場．カスター・オイルは冒険の航海に出ようと船員を探しています．セーラー服姿のポパイをみつけた彼は "Hey there! Are you a sailor?"（君，船乗りかね？）と声をかけます．そのときのポパイの返事です．

(1)　"*Ja* think I'm a cowboy!"

　　（「おれがカウボーイに見えるかね［←おれをカウボーイと思うのか］」）

この ja [jə] は you のくだけた発音を表したもので，辞書には現れません．

　ポパイは窮地に陥るとホウレンソウの缶詰を食べ，みるみる力持ちになって相手を倒します．そして次のような決めぜりふを歌います．

(2)　I *yam* what I *yam*, and that's all what I *yam*.
　　　I'm Popeye the Sailor Man.
　　　（おれはおれ，なんと言ってもおれはおれ．
　　　おれはポパイ，セーラーマン）

この yam は am のことです．I am をぞんざいに発音すると「アイヤム」のようになります．この ja そして yam という発音にポパイの大衆的でちょっと粗野な性格が表れています．

視覚方言　小説にも発音をそのまま文字にした綴り字が現れます．次はロバート・B・パーカー（Robert B. Parker, 1932-2010）のハードボイルド小説『初秋』からの例です．私立探偵スペンサーはある女性から依頼を受けます．離婚した夫が連れ去った息子ポールを連れ戻してほしいという依頼です．スペンサーにとってそれは造作もないことでした．

　ところが，ポールはだれからも目をかけられずに育った無気力な少年でした．スペンサーはポールを鍛えようと，手元に置きます．「おれがおまえをこの泥沼から救い出してやる」と言うスペンサーにポールが答えます．次の whaddya は what do you のぞんざいな発音です．

(3)　"*Whaddya* mean?"
　　　（「どういう意味？」）

　　　　　　　　　　　　　　Robert B. Parker, *Early Autumn*（1980）

　真剣に語りかけるスペンサーにポールはいいかげんに答えます．

この whaddya はそのなげやりな言い方を表しています．しかし，そのようなポールも時にスペンサーと正面から向き合うことがあります．そのとき，彼はきちんと "What do you mean?" と発音します．作者はポールの気持ちをその発音で描き分けています．

　小説にはこのような例が数多く現れます．次はレイモンド・チャンドラーのハードボイルド小説『長いお別れ』からの例です．ロサンゼルス市警殺人課の課長グレゴリアスは手荒な人物です．私立探偵マーロウを逮捕した彼は手錠をかけたまま尋問し，パンチを浴びせます．そして「留置場にたたき込め」とその場にいる刑事デイトンに命じます．しかし，その剣幕にデイトンは立ち尽くしたままです．グレゴリアスが辛辣に皮肉を言います．次の whatcha は what are you のぞんざいな発音です．

(4) "*Whatcha* waiting for, cream puff? An ice-cream cone maybe?"
　　（「何をぐずぐずしている［←何を待っている］，このいくじなし野郎．コーン付きのアイスクリームでも出ると思ってるのか」）

　　　　　　　　　— Raymond Chandler, *The Long Goodbye* (1953)
　　［注］cream puff　いくじのない弱虫

　この whatcha という物言いがグレゴリアスの手荒な性格，そしてその場の雰囲気をよく表しています．

　このように人物の背景や出身などを示す意図からふつうとは違う綴り字で表記することを「視覚方言」(eye dialect) または「文学方言」(literary dialect) と言います．文学方言は発音だけでなく，単語や文法を指すこともあります．

must of　英語の小説を読んでいて，どうにも読めない言い方に出会うことがあります．手品と同じで，わけを知れば拍子抜けするのですが，知らないと頭をかかえます．

次はレイモンド・チャンドラーのハードボイルド小説『大いなる眠り』からの例です．エディ・マーズという男の妻で，元クラブ歌手の女が失踪しています．その彼女の写真は手に入らないかと探偵のマーロウがロサンゼルス市警のグレゴリー警部に尋ねる場面です．グレゴリー警部はマーロウと心を通わせる仲です．

(5)　"Can't you get any old professional photos?"
　　　"No. Eddie *must of* had some, but he won't loosen up."
　　　（「歌手をしていたときの昔の写真は手に入らないか」
　　　「だめだ．エディの手元には何枚かあったはずだが，うんとは言わないだろう」）

　　　　　　　　　　　— Raymond Chandler, *The Big Sleep*（1939）
　　　［注］loosen up「ゆるむ」の原義から「（かたくなにならず）心を開く」．ここでは文脈から「（写真を）出す」の意．

　助動詞 must の次に前置詞 of が現れるはずはありません．この of は have のくだけた発音を綴りで表したものです．英語では強勢のない音節では［h］の音はよく落ちます．たとえば，Let him go.（彼を放してやれ）では him［hɪm］の［h］は落ち，［lètɪmgóu］（レティムゴゥ）と発音されます．助動詞 have［həv］の［h］は音の続きぐあいによってはよく脱落し，［əv］という発音になります．用例の of はこの［əv］という発音をそのまま綴ったものです．上で must of had は［mʌ̀stəvhǽd］（マスタヴヘァド）という発音です．

　ところで，これを Eddie *must have* had some と書いても読者は［mʌ̀stəvhǽd］と頭の中で読むはずです．であるならば must of と綴るのは無意味にも思えます．しかし，それでもこのような表記をしているのは視覚方言，文学方言としての意図があるからです．ここから探偵マーロウとグレゴリー警部のくだけた間柄を知ることができます．

　なお，このように have を of と綴るのは英語母語話者の子ども

によくみられます．彼らは文字でなく耳から英語を習得するので，must have と書くべきところを耳で聞いたとおり，must of と書いてしまうのです．

　このように have を of と綴ることがあるのは must の後だけではありません．他にも could *of*，should *of*，would *of*，ought to *of* という形で現れます．これがさらにくだけた発音になると coulda，shoulda，woulda，musta と綴られます．これは have [həv] のもっともくだけた発音 [ə] を表したものです．

　次は用例（3）と同じロバート・B・パーカー『初秋』からの例です．私立探偵スペンサーは少年ポールを引き取り，父親役をつとめます．彼は都会から離れた場所に移り，ポールと家を建てようとします．このときのポールは何にも関心を示さない少年でした．用例（3）からもう少し前の場面で，原野に着いたときのポールのことばです．

(6)　"You *shoulda* brought a TV," he said once.
　　　（「テレビを持ってくればよかったのに」ポールがぽつりと言った）

— Robert B. Parker, *Early Autumn*（1980）

この shouda は should have の have の発音 [əv] から [v] が落ちたもので，[ʃudə] という発音です．少年ポールの無気力な物言いが感じられます．

kinda　That sounds *kind of* stupid.（それ，なんかばかみたい）のように「ちょっと，いくぶん」という意味で kind of を副詞のように使う言い方があります．くだけた言い方ではこの of も [ə] と発音されることが多く，kind of は [kaɪndə] と発音され，小説などでは kinda という綴りで表されることがあります．

　次はカール・ハイアセンの少年少女向けミステリー小説『HOOT』からの例です．主人公の中学生ロイは同じ中学校の生

徒ベアトリクスの家に行き，ドアを開けた父親に彼女はいるかと尋ねます．しかし，父親は会わせてくれようとはしません．

(7) "Yeah, but she's *kinda* busy right now."
　　（「ああ，いる．でもあいつは今，ちょっと手が離せなくてな」）
　　　　　　　　　　　　　　　　　— Carl Hiaasen, *Hoot*（2002）

gotta　Sit down.（座りなさい）のような言い方では sit［sɪt］の語末の［t］は破裂がなくなり，「スィッダウン」のように発音されます．同じように got to という言い方では got の語末の［t］は破裂がなくなり，［gɑtə］と 1 語のように発音され，gotta と綴られます．次は先に用例に引いた『初秋』で私立探偵スペンサーが少年ポールを諭して教えることばです．

(8) "Man's *gotta* do what he's *gotta* do, boy."
　　（「いいか，男ってのはやると決めたものはやるんだ」）
　　　　　　　　　　　　　— Robert B. Parker, *Early Autumn*（1980）

　　［注］Man's gotta do = Man has got to do
　　　　　 he's gotta = he has got to do

　この他にも小説やマンガなどでは lemme［lemi(:)］（= let me），outa［aʊtə］（= out of）という綴りがよく現れます．

9.2　doin' にアポストロフィーがあるのはなぜ

語末の -in'　小説や歌詞では do*in'*（=doing），sing*in'*（=singing）のように語末の g をアポストロフィーに置き換えた例をよく見ます．次はオー・ヘンリーの短編「警官と賛美歌」（発表は1904年，短編集 *The Four Million*，1906に収録）からの例です．冬を迎えようとするニューヨークの宵．教会からオルガンが奏でる賛美歌が流れてきます．教会の前に立ち尽くす宿無しのソーピー．不審に

思った警官が声をかけます。ここには doin'（=doing），nothin'（=nothing）という表記が使われています。

(9) "What are you *doin'* here?" asked the officer.

　　"*Nothin'*," said Soapy.

　　（「ここで何をしている」警官が尋ねた。

　　「何も」ソーピーは答えた）

　　　　　　　　　　　— O. Henry, "The Cop and the Anthem"（1904）

アポストロフィー（'）は省略を表す記号です。ここでは doing, nothing の語末の g が略されたことを表しています。発音は〔dúːɪn〕，〔nʌθɪn〕です。語末の子音〔n〕は舌の先を上の歯茎の裏につけて「ヌ」と発音する音です。これに対し，doing, nothing の発音は〔dúːɪŋ〕，〔nʌθɪŋ〕で，語末の子音〔ŋ〕は日本語で「かんけい」（関係）と言うときの「ん」の音です。

発音の由来　現代英語では king〔kɪŋ〕の ng は〔ŋ〕と発音します。ところが，古英語ではこの ng は綴りのとおり〔ŋg〕と〔g〕を発音していました。つまり「ング」です。第 1 章で見た古英語 cyning（=king）の発音は〔kynɪŋg〕だったのです。その後，この〔g〕は脱落し，king の発音はシェイクスピアの頃には現代英語と同じ〔kɪŋ〕となっていました。これは -ing を語末とする do*ing*, read*ing*, writ*ing* などの現在分詞，また someth*ing* や noth*ing* などについても同じでした。

　その後，18世紀，この語末の ng の発音は〔ŋ〕から〔n〕に変わりました。これがアポストロフィーをつけた doin', nothin' などで使われる〔n〕の由来です。ところが，その後，どういうわけか古い〔ŋ〕の音が復活し，これが勢いをもつようになりました。これが標準英語で使われる -ing〔ɪŋ〕という発音の由来です。

　なぜ〔ŋ〕が復活したのか，その理由はよくわかってはいません。文法学者イェスペルセン（Otto Jespersen, 1860-1943）は，lookin' [lúkɪn], gettin' [gétɪn] のように［ɪn］で終わると look in（のぞき込む），get in（中に入る）と区別できなくなるおそれがあったからではないかと考えています（*A Modern English Grammar*, I, 13.11節）．

音声学者ケニヨン（John Samuel Kenyon, 1874-1959）は綴り字発音の影響があったのではないかと考えています（*American Pronunciation*, 219節）．綴り字発音（spelling pronunciation）とは単語を綴り字のとおりに発音することです．現在分詞の語尾 -ing は18世紀には［ɪn］という発音に変わっていたのですが，綴り字は -ing のまま残りました．そのため，綴り字に合わせて［ɪŋ］と発音すべきだという考えから古い発音に戻ったというのです．

-in' の社会的地位　アポストロフィーをつけて表すこの -in'［ɪn］は必ずしも粗野な発音ではありません．音声学者ケニヨンは「この -in' という言い方は無学の人，方言の話者だけでなく，教養があり，社会的に高い地位の人にも決して珍しいものではない」と述べています（*American Pronunciation*, 219節）．用例（9）に取り上げたオー・ヘンリーの短編「警官と賛美歌」ではソーピーは働くのがいやで，むしろ刑務所に入って暮らすのがよいと考える自堕落な男です．しかし，警官も同じ発音をしています．

ダンキンドーナツと言えば，日本にも一時，進出していたアメリカのドーナツチェーン店です．英語名は DUNKIN' DONUTS で，これは「ドーナツをコーヒーやミルクに浸して（dunk）食べる（とうまい）」ということからの命名です．くだけた雰囲気をちょっと新鮮に表したうまいネーミングです．

なお，アポストロフィーを使ったこの表記は他にも somethin'（＝something），anythin'（＝anything），nothin'（＝nothing），everythin'（＝everything）などにも現れます．

9.3 gonna / wanna / dunno と綴るのはなぜ

gonna 歌手で俳優の江利チエミさん（1937-82）をご存じの方
なら「家へおいでよ」という歌を思い出されるでしょう．「家へ
おいでよ わたしのお家へ / あなたにあげましょ キャンディ」で
始まる歌です．これは元はローズマリー・クルーニー（Rosemary
Clooney, 1928-2002）が歌ってヒットした Come On-A My House
という歌の日本語版で，江利チエミはこれを日本語と英語で歌い
ました．次は英語の歌詞の冒頭です．ここにはくだけた発音が2
つ現れます．

(10) Come on-*a* my house, my house
　　　I'm *gonna* give you candy
　　　家へおいでよ わたしのお家へ
　　　あなたにあげましょ キャンディ
　　　── 作詞 Ross Bagdasarian ／ William Saroyan，日本語訳詞 音
　　　　羽たかし

　上で Come on-*a* my house は Come on *to* my house のくだけた
発音をそのまま綴ったものです．副詞 on と前置詞 to が続いて現
れます．きちんと発音すると [ɑntə] ですが，くだけた発音では
[t] の破裂がなくなり，ほとんど「アナ」になります．これが
on-a と綴った理由です．この Come on-a my house は「カマナマ
ハウス」のように発音されます．

　次の行の gonna は going to のくだけた発音を表した綴りです．
先に見たように -ing のくだけた発音は -in' [ɪn] ですから going
をくだけて発音するとその語尾は [ŋ] ではなく [n] になります．
上で on to が「アナ」となったように，going to の to で [t] の
破裂がなくなると，going to は「ゴナ」のように発音されます．
こうしてできたのが gonna（=going to）という形です．これはく

だけた会話ではとても広く使われます.

wanna　I Wanna Be Loved by You はマリリン・モンローが映画
『お熱いのがお好き』で歌って広く知られるようになった歌です.
元来は *Good Boy* (1928) というブロードウェイ・ミュージカル
で歌われたものです.　この wanna（ワナ）は want to のくだけた発音です.

> (11)　I *wanna* be loved by you, just you
> 　　　愛されたいの,　あなただけに
>
> 　　　　　　　　　　　　　　—作詞 Bert Kalmar (1884-1947)

　子音 [n], [t] はどちらも舌の先を上の歯茎につけて発音する
音です.　この want to [wɑnttə] のような例では [t] を破裂させ
ずに発音すると,　[t] の連続は [n] とほとんど変わらない音に
なります.　くだけた発音 wanna（ワナ）はこのようにして生まれたもの
です.

　ビートルズに「抱きしめたい」という曲があります.　英語のタ
イトルは I Want To Hold Your Hand ですが,　歌詞は I *wanna* hold
your hand です.「アイ・ウォナ・ホールド・ヨア・ハンド」と
何度も繰り返されます.　イギリス英語なので「ワナ」というより
も「ウォナ」と聞こえます.

dunno　上で見た gonna も wanna も元の go / want という形が
残っているのですが,　元の形から離れてしまったのが dunno（ダノウ）
(=don't know) です.

　次はフレデリック・フォーサイスのサスペンス小説『ジャッカ
ルの日』からの例です.　警察がコワルスキーという名のテロリス
トを逮捕すべく,　待ち伏せしています.　しかし,　逆襲され,　大乱
闘になります.　警察に負傷者が出ました.　犯人も負傷しています.
コワルスキーを確保したことを警察本部に電話で報告し,　救援要
請をしている場面です.

（12）　"Well, he's hurt, all right. *Dunno*. He's unconscious ...."
　　　（「やつは負傷はしている．知らん．意識がない…」）

　　　　　　　　　　　　— Frederick Forsyth, *The Day of the Jackal*（1971）

　警察本部は「負傷はどの程度だ」といったことを聞いたので
しょう．それに対して「（そんなことは）知らん」と答えたもので
す．ここでは dunno の主語 I は略されています．

　この dunno は don't know ［doʊntnoʊ|dəʊntnəʊ］という発音を簡
略にしたもので，［dʌnoʊ|dənəʊ］と発音します．カナで書けば「ダ
ノウ｜ダネウ」です．強勢は「ダノウ｜ダネウ」のように1音節
目につく場合も，「ダノウ｜ダネウ」のように2音節目につく場
合もあります．

❧ 英文法こぼれ話 ❧ "OK"と"All right"どちらを使う

かつて *Jack and Betty* という中学校の英語教科書がありました. 終戦間もない1949（昭和24）年の発行で，全国の中学校の8割で採択されました. この世代の人にはなつかしい教科書で，作家の清水義範氏には「永遠のジャック＆ベティ」と題したパロディの短編があります（『永遠のジャック＆ベティ』講談社, 1988）.

この教科書を世に出すには大きな苦労があったと編者の1人，稲村松雄氏が語っておられます. 当時，日本は連合国の占領下にあり，教科書を発行するには連合国軍最高司令官総司令部（GHQ）の検閲を受けなければなりません. 教科書の主人公は中学生のジャックとベティで，内容は2人の会話で展開します. そのため，原稿には"OK"がたくさん使われていました.

その"OK"にアメリカ人検閲官から注文がつきました.「われわれは"OK"を使うが，教科書だからスラングは避けて"All right"にすること」と指示されたのです. 急いでタイプを打ち直し，"OK"をすべて"All right"に直した原稿を再提出しました. すると検閲官は原稿に目を通すと，にっこり"OK, thank you!" と言って受理してくれたのだそうです（『JACK AND BETTY あの日あの頃（復刻版付録ブックレット）』開隆堂, 1992）.

"OK" と "All right" はどちらがふつうの言い方なのでしょ

図9.1 『永遠のジャック＆ベティ』

う．1934年制作のロマンチック・コメディ映画『或る夜の出来事』(*It Happened One Night*) でその出現頻度を比べてみましょう．ちょっとめんどうなのが"All right"です．これは"It's *all right* with me."（おれはかまわないよ）や"You're doing *all right*."（君はよくやっている）のように文中で形容詞的・副詞的にも使うからです．というより，同意・賛成の"All right"はこの意味から生まれたものです．この映画では all right は31回現れます．そのうち形容詞的・副詞的に使っているのは11回，同意・賛成の意味に使っているのは20回です．この小説で同意・賛成の意味に使っている"OK"と"All right"の数は次のとおりです．

OK　　　　　8回
All right　　20回

　この映画が制作された1930年代，同意・賛成を表す言い方では"OK"は"All right"よりも少数派だったようです．教科書 *Jack and Betty* で"OK"を"All right"に直すよう指示をした検閲官の脳裏にはこのような感覚があったのでしょう．

　ところが，それから約20年後，もう少し時代が新しくなると"OK"は広く使われるようになります．1957年制作の映画『十二人の怒れる男』(*12 Angry Men*, 1957) は12人の陪審員の議論を描いた映画です．この映画で使われている"OK"と"All right"の数は次のとおりです．

OK　　　　　35回
All right　　9回

　『或る夜の出来事』とは数が逆転しています．古くは同意・賛成を表すふつうの言い方は"All right"でした．しかし，1960年頃から"OK"が"All right"を圧倒するようになります．

教科書 *Jack and Betty* の検閲が行われた1940年代後半，"OK"
はすでに英語で使われていました．それでも検閲官が"OK"
を使うのを渋ったのは，それが表現として新参者であったから
です．

　教科書は規範となるものですから，保守的な立場を取る傾向
があります．新しい表現や言い方が現れてもすぐにはそれを取
り上げません．社会に十分に受け容れられたと確信できるまで
は取り上げるのをためらうのです．規範であるがゆえの教科書
の宿命です．かくして教科書は現実に一歩遅れてついていくこ
とになります．

10 圧力に屈した英文法

　　標準英語は学校教育や放送など陽の当たる表舞台で使われることば
です．しかし，歴史的に見れば，標準英語は標準であるがゆえに自由
な発達をはばまれ，制約を受けながら成立したことばでもあります．

英文法の「なぜ」

・人に対して関係代名詞 that より who が好まれるのはなぜ．

・小説や映画でよく使われる ain't が教えられないのはなぜ．

・小説や映画で二重否定を否定の意味に使うのはなぜ．

10.1　who と that どちらを使う

関係代名詞 who と that　「やってきた人々」と言う場合，the
people *who* / *that* came のように関係代名詞は who も that もどち
らも可能です．しかし，人を先行詞とする関係代名詞には who
を使う人が圧倒的に多数です．1億語から成るイギリス英語の大
規模データベース The British National Corpus には the people
who came は18例現れますが，the people *that* came は2例しか現
れません．10億語から成るアメリカ英語の大規模データベース
Corpus of Contemporary American English では the people *who*
came は266例現れるのに対し，the people *that* came は63例です．

　　ところが，今から400年，500年前，このような例では関係代名
詞は that を使うのがふつうでした．次はシェイクスピア『ロミ
オとジュリエット』からの例です．キャピュレット家の宴会に仮
装して入ったロミオ．それをキャピュレット家のティボルトが見
破り，「あやつはモンタギュー，敵です」と叔父のキャピュレッ
トに告げます．

（1）　　　Tybalt: A villain *that* is hither come in spite,
　　　ティボルト：嘲笑せんと乗り込んできた悪党です.

　　　　　　　　　　　— Shakespeare, *Romeo and Juliet*（1幕5場）

［注］in spite　あざ笑って, ばかにして
　　　hither　ここへ
　　　is hither come　ここにやってきた ❖動詞 come は現在完
　　　　了の意味では〈be＋過去分詞〉という形をとることが
　　　　多かった.

　『ロミオとジュリエット』ではこのように人を先行詞とし, that
を関係代名詞の主格として使う例は34回現れます. しかし, who
を使っているのは6例しかありません. この当時, 人を先行詞と
する関係代名詞は who よりも that のほうがふつうでした.
　ところが, このような場合, 現代英語では who を使います.
現代語訳の『ロミオとジュリエット』では次のように who を使っ
ています.

（1a）Tybalt: He's a rogue *who's* come here out of spite to scorn
　　　our celebration.

　　　　　　　— *Romeo and Juliet*（The Modern Shakespeare）, 2012

Who と Which の嘆願書　1711年から2年間, イギリスで *The
Spectator* という日刊紙が発行されていました. そこに「Who と
Which による謙虚なる嘆願書」（The Humble Petition of *Who* and
Which）という記事が掲載されています. 創刊者のジョゼフ・ア
ディソン（Joseph Addison, 1672-1719）が匿名で書いたものです.
これは擬人化された関係代名詞 Who と Which が自分たちが受け
ている不当な扱いを嘆き, その改善を訴える嘆願という趣向で書
かれたものです. 記事の趣旨は概略, 次のようです.

　　われら Who と Which は長年にわたり名誉ある地位を得てきたも

のでありますが，That が現れるに及び，われらの威厳がそこなわれる事態となっております．私どもは教会で説教をする牧師からも，法廷で論陣を張る弁護士からも疎（うと）んじられております．そこでは That が幅を利かせ，私たち Who と Which は肩身のせまい思いをいたしております．神に祈ることばは Our Father *who* art in heaven（天にいますわれらの父よ）であるはずなのに，Our Father *which* art in heaven と私たち Who と Which を取り違えるありさまです．私ども Who と Which にしかるべき活躍の場をいただきたく，ご配慮を願う次第でございます．

Our Father *which* art in heaven（天にいますわれらの父よ）というのは新約聖書「マタイによる福音書」6章9節に現れることばです．神にはこのように祈りなさいとキリストが教えたことばで，「主の祈り」（Lord's Prayer）と呼ばれます．これは1611年，ジェームズ1世（James I, 1566-1625）の勅命により編纂された聖書，欽定訳聖書（King James Version）の英語です．私たちには見慣れない art は現代英語 are の古い形です．先行詞 our Father は3人称なのに are を使うのは妙ですが，ここは「われらの父であるあなた」という呼びかけで，相手に対するその呼びかけの気持ちが2人称の art（＝are）を引き出しています．

さて，Who と Which の2人が慨嘆しているのは，先行詞が our Father なのに関係代名詞に which を使っていることです．ここでは our Father（われらの父）が先行詞なので人を表す who でなければならないというのがその訴えです．しかし，関係代名詞 which は古くは先行詞が人であっても物であっても使われていたもので，欽定訳聖書のことばは歴史的に由緒正しい英語です．つまり，不当な扱いをされていると訴えている Who と Which のほうが誤っています．

もうひとつ「That が現れるに及び」というのは，関係代名詞

には that ばかりが使われ，who と which がないがしろにされて
いるという訴えです．この嘆願書では新参者として現れた関係代
名詞 that が who と which の地位を奪っていると述べているので
すが，これも事実ではありません．英語に関係代名詞として初め
て現れたのは that です．関係代名詞 who と which はその後，現
れたもので，who と which のほうこそ新参者です．*1

時代の背景　関係代名詞 that は英語に初めて現れた，由緒正し
い関係代名詞です．しかし，アディソンがこの記事を書いた当時，
who / which など wh- 系の関係代名詞は that を大きく上回る頻度
で使われていました．英語学者，齊藤俊雄氏の調査によれば，当
時，その頻度は that が20% であるのに対し，wh- 系は80% で，
wh- 系のほうがずっと優勢です（「"The Humble Petition of WHO
and WHICH" を検証する」）．アディソンの概嘆とは逆に英語を席
巻していたのは wh- 系の関係代名詞でした．しかし，頻度20%
であってもアディソンにとって関係代名詞 that は目障りだった
ようです．

　アディソンが親の仇でもあるかのように関係代名詞 that をあ
げつらったのはなぜでしょう．それは文法的性の消失という時代
の背景です．古英語では3人称代名詞単数は文法的性（gender）
によって使い分けました．古英語で3人称代名詞単数の主格は男
性は hē (=he)，女性は hēo (=she)，中性は hit (=it) でした．とこ
ろで，現代英語の名詞 sun（太陽）は古英語では sunne で，これ
は女性名詞でした．このため，古英語で sunne（太陽）を人称代
名詞で受けるには女性の hēo (=she) を使いました．これは太陽
を擬人化したわけではありません．女性名詞に対しては人称代名
詞の女性形を使うという文法に従ったものです．

---

*1　このくわしい経緯は『英語の歴史から考える英文法の「なぜ」』の第
　15章「関係代名詞に that と wh- があるのはなぜ」をごらんください．

さて，この記事が書かれた当時，英語はすでに古英語の屈折を失っていました．古英語にあった男性・女性・中性という文法的性の区別はとっくに消えていました．このため，人称代名詞 he / she / it の使い分けは文法的性から自然の性に変わり，人であれば男性は he，女性は she，物であれば it を使うようになりました．

しかし，関係代名詞ではこの使い分けはすっきりとは行われませんでした．元来，関係代名詞 which と that は人にも物にも区別なく使われたのですが，文法的性が消失すると，which と that を人に対して使うことに違和感が生まれました．アディソンが人に対して which と that を使うことに抵抗を示し，who を使うべきだと主張したのはこのためです．

ことばの正しさについて規範を定め，それによって誤ったことばづかいを正そうとする考え方を規範主義（prescriptivism）と言います．このような考えは標準語が現れるとともに起こり，その後，学校教育を中心に大きな力を及ぼしてきました．アディソンが *The Spectator* 紙に記事を書いた18世紀は規範主義の時代でした．そして，この規範主義はその後，長く英語を支配することとなりました．

10.2　ain't が論争になるのはなぜ

aren't I　否定詞 not は縮約されて isn't, doesn't のように使われます．この縮約形は not［nɑːt|nɒt］が軽く発音されるところから生まれたものです．軽く発音された not は［nt］という音になり，直前の語と一体化して発音されます．縮約形 isn't［ɪznt］, aren't［ɑːnt］, doesn't［dʌznt］などはこのようにして生まれました．アポストロフィー（'）は not の o を略したという意味です．

ところで，aren't / isn't という縮約形はありますが，amn't という形は目にしません．しかし，歴史上，amn't という形がなかっ

たわけではありません．今でもイギリスの地域方言には残っています．標準英語に amn't が残らなかったのは音変化のためです．かつては am not の縮約形は amn't / am't のような形で使われていたのですが，16世紀以降，an't / ain't のように m が落ちた形で使われ始めます．この m が落ちた形は〔ɑːnt〕と発音されるようになり，aren't と綴られました．つまり，現代英語の aren't は are not に由来するものと am not に由来するものがあるのです．

　私たちは I *am* / you *are* という言い方に慣れていますから，1人称 I に aren't が使われているのを見るとちょっとびっくりします．次はヘミングウェイ『武器よさらば』からの例です．ここでは1人称 I に対して aren't が使われています．第1次大戦中のイタリア．傷病兵搬送の任務を担当するアメリカ人中尉フレデリックは負傷し，入院しています．その病院には恋人であるイギリス人看護師キャサリンがいます．早朝，手術のためフレデリックの身支度を整えたキャサリンは彼に恋をささやきます．次の *Aren't* I good? は Am I not good? のくだけた言い方です．

(2)　'I'm good. *Aren't* I good?'
　　（「私，すてきでしょ．そうじゃない？」）

　　　　　　　— Ernest Hemingway, *A Farewell to Arms*（1929）

付加疑問文でも I am に対しては aren't I? を使います．次は J. D. サリンジャー『ライ麦畑でつかまえて』からの例です．主人公の高校生ホールデンは妹フィービーの部屋でラジオから流れるダンス音楽にあわせて彼女と踊ります．踊り終えたフィービーのことばです．

(3)　"I'm improving, *aren't I?*" she asked me.
　　（「ダンス，じょうずになったでしょ」フィービーが聞いた）

　　　　　　　— J. D. Salinger, *The Catcher in the Rye*（1951）

この am not の縮約形 aren't は不思議なことに疑問文，付加疑問文にしか使いません．"I *aren't* improving."（私はじょうずになっていない）のような言い方はしません．縮約する場合には *I'm* not improving. と言います．文法はなかなか機械的にはいきません．

ain't　くだけた，あるいは非標準の言い方に ain't [eɪnt]（エイント）という縮約形があります．これは am not / are not / is not，また have not / has not の意味で使われる縮約形です．

これまでカール・ハイアセンの少年少女向けミステリー小説『HOOT』を何度か用例に取り上げてきました．次はその映画版からの例です．何度も妨害工作が起きている建設現場で警官が怪しい少年デイナを捕らえます．デイナはうそをついて逃れようとするのですが，警官はうそを見抜き，しらばくれるのはやめろと諭します．その警官に答えるデイナのことばです．ここには ain't が am not / have not 両方の縮約形として使われています．

(4)　Dana: I *ain't*（=am not）acting, and I *ain't*（=have not）
　　　done nothing wrong, so let me go!
　　デイナ：しらばくれちゃいねえ．何も悪いことはしてねえ．離
　　　せ．

— 映画 *Hoot*（2006）

［注］ain't と nothing で二重否定だが，ここでは否定の意味．
　　　　くわしくは次節「10.3 二重否定で否定を表すのはな
　　　　ぜ」参照．

同じ ain't という形が be 動詞と have で両方の縮約形になるというのは妙ですが，これは別々に発達したものが結果として同じ形になったものです．be 動詞としての ain't [eɪnt]（エイント）は aren't [ɑːnt] の母音が変化して生まれました．また，先に触れたように amn't（=am not）の m が落ちた形からも aren't [ɑːnt] という縮約形が生まれていて，これも母音が変化して ain't という形で使われるよ

うになりました．もうひとつ isn't の意味で使う ain't は 1 人称，
2 人称に使う ain't にならったものです．英語では違った形は代
表的な 1 つの形にまとまろうとする力が働きます．これに対し，
haven't / hasn't の意味で使われる ain't は haven't［hævnt］/ hasn't
［hæznt］の［z］の音が落ち，母音も変化し，さらに［h］が落
ちて ain't［eɪnt］となったものです．

肩身のせまい ain't この ain't は英語の歴史の中ではかなり新し
い言い方です．be 動詞の否定の縮約形として使われるようになっ
たのは18世紀半ばです．この be 動詞の否定の縮約形として現れ
た ain't は問題なく受け容れられていました．19世紀初頭，イギ
リス文壇の大御所チャールズ・ラム（Charles Lamb, 1775-1834）
も手紙の中で an't という綴りで，*An't* you glad about Tuthill?（タ
トヒルさんのこと，喜ばしくお思いになりませぬか）と ain't を are
not の縮約形に使っています．

　これに対し，have not / has not の縮約形としての用法は19世紀
半ばに現れました．すると，この言い方はたちまち非難の的とな
りました．そして，すでに受け容れられていた be 動詞の否定の
縮約形までもが白い目で見られることになったのです．今では
ain't を公の場面で使うと無教養とみなされます．英米の辞書は
ain't を例外なく非標準（nonstandard）としています．

　このように ain't を否定的に見る目を残念に思う研究者もいま
す．語法の解説書として定評のある『英語語法辞典』（*A
Dictionary of Modern English Usage*, 1926）の著者ファウラー（H. W.
Fowler, 1858-1933）もその 1 人です．彼は ain't を isn't の意味に使
うのは誤りだとしながらも，ain't の用法がすべて非難されるに
至ったことを嘆いています．

　　［isn't の意味に使う ain't は誤りだが］am not に対して使う a(i)n't は
　　am not の自然な縮約であるばかりでなく，am not の縮約形が欠け

ていることに対する穴埋めとなるものである．なのに十把一絡げに ain't に眉をしかめるのは残念と言わねばならぬ．

— H. W. Fowler, *A Dictionary of Modern English Usage*（1926）

　標準英語を使った小説や映画には ain't はまず現れません．アガサ・クリスティーの『オリエント急行殺人事件』，ディズニーのアニメーション映画『アナと雪の女王』（*Frozen*）には一度も現れません．

　しかし，非標準英語による小説や映画では ain't が現れない作品を探すのはむずかしいでしょう．ジョン・スタインベックの『怒りの葡萄』には918回，『ハックルベリー・フィンの冒険』には376回現れます．ギャングの人間模様を描いた映画『パルプ・フィクション』（*Pulp Fiction*, 1994）には54回，映画『ロッキー』（*Rocky*, 1976）には48回現れます．これほど偏った使い方をされる語は他にはありません．

大目にみられる1人称　ところが，ひとつだけ例外があります．1人称代名詞 I に対して使う付加疑問です．この付加疑問だけは許容されます．次は劇作家アーサー・ミラー（Arthur Miller, 1915-2005）の戯曲『セールスマンの死』からの例です．ビフは高校でアメリカン・フットボールのスター選手です．試合に向かう彼に友人バーナードが誇らしく言います．

(5)　　　Bernard: Biff, I'm carrying your helmet, *ain't I?*
　　　　バーナード：ビフ，君のヘルメット，ぼくが持っていくんだよね．

　　　　　　　　　　　　— Arthur Miller, *Death of a Salesman*（1949）

　このような場合，用例（2）で見た『ライ麦畑でつかまえて』のフィービーのことばのように aren't I? と言うこともできるのですが，くだけた言い方では ain't I? が使われます．これだけは大

目にみられる言い方です.

　1人称に使うこの言い方について，アメリカ英語の研究者メンケン（H. L. Mencken, 1880-1956）は次のように述べています.

> アメリカ人として自尊心のある人なら，He *ain't* the man.（彼はその男ではない）のように isn't の代わりに ain't を使った言い方をするのを擁護する人はおるまい.　しかし，1人称で ain't を使うのはすでにりっぱな用法になっている.　それに対し，イギリス人はこれよりも落ち着かない aren't に対しても顔をしかめるのだ.
>
> — H. L. Mencken, *The American Language*（1919）

　この本が出たのは今から100年前です.　1人称に対して ain't を使うのはイギリスでは許容度が低かったようですが，アメリカでは広く使われていたようです.

10.3　二重否定で否定を表すのはなぜ

二重否定は肯定　「…しないものはない」のように否定のことばを重ねた言い方を二重否定（double negative または double negation）と言います.　効果的に使えば深みのある言い方になります.　次はフレデリック・フォーサイスのサスペンス小説『ジャッカルの日』からの例です.　フランス大統領暗殺計画の情報を得た内務相が急遽，大統領府にド・ゴールを訪ねます.　その執務室はフランス文化の粋を極めた造りです.　それを作者は次のように描写します.

　(6)　There was *nothing* in the room that was *not* simple, *nothing* that was *not* dignified, *nothing* that was *not* tasteful, and above all *nothing* that did *not* exemplify the grandeur of France.

（執務室には質実ならざるものは何ひとつなかった．威厳なき
もの，洗練なきものは何ひとつなかった．なにより，フランス
の栄光を表さぬものは何ひとつなかった）

— Frederick Forsyth, *The Day of the Jackal* (1971)

　繰り返し使われた二重否定が大統領執務室の威厳と気品を重厚
に伝えています．標準英語では二重否定はこのように肯定の意味
に使います．

否定に使う二重否定　ところが，小説や映画では二重否定は否定
の意味で使われることが珍しくありません．次はアクション・コ
メディ映画『ラッシュアワー』からの例です．舞台はロサンゼル
スで開かれている中国博覧会の会場．国宝級の仏像や陶器が展示
されているこの場で犯罪団相手の大立ち回りが始まろうとしてい
ます．中国文化の至宝を傷つけてはならないと危惧する香港警察
の中国人刑事リーにロサンゼルス市警の黒人刑事カーターが心配
するなと答えます．ここでカーターは否定のことばを３つ重ね，
否定の意味を強調しています．三重否定です．

(7)　　Carter: *Ain't nothing* gonna happen to *none* of this stuff.
　　　　カーター：展示品に傷をつけることなんかしやしねえよ．

— 映画 *Rush Hour* (1998)

　　〔注〕ain't nothing = nothing ain't（=nothing isn't）❖強調のため
　　　　　倒置している．

　　　　　gonna = going to ❖第9章の「9.3 gonna / wanna / dunno
　　　　　と綴るのはなぜ」参照．

　古英語では否定のことばを重ねて否定の意味を表すのはふつう
でした．否定のことばを重ねれば否定の意味が強調されるという
のがその考えです．非標準英語で二重否定で否定の意味を表す
のは古英語に由来するものです．このような二重否定は否定詞 not

に nothing / nobody / no などの語を重ねて現れます。

　しかし、非標準英語の否定文がいつも二重否定というわけでは
ありません。標準英語と同じような否定文も使われます。『ハッ
クルベリー・フィンの冒険』には ain't は376回現れます。そのう
ち、ain't 単独で否定を表すもの、二重否定で否定を表すも
のの割合はほぼ半々です。しかし、それは恣意的になされている
わけではありません。そこには否定の意味の強さに違いがあります。
それを物語がいよいよ大団円に近づいた場面の例で見てみましょ
う。

　トム・ソーヤーとハックは囚われた黒人奴隷ジムを助け出し、
夜陰にまぎれて逃亡します。しかし、ジムを追う男たちの撃った
銃でトムがふくらはぎを負傷します。3人はカヌーで川の中州の
島に逃げのびるのですが、トムのけがは悪化するばかりです。町
から医者を連れてこなければなりません。しかし、そうするとジム
の存在が知れてしまいます。ジムは捕らえられるのを覚悟でト
ムに付き添い、親身に看病します。ハックが町から連れてきた年
寄りの医者の手当でトムは救われます。しかし、医者は追っ手に
合図で知らせ、トムは捕らえられます。当時、黒人奴隷が逃亡す
ることも、それを見逃すことも大罪でした。追っ手に合図で知ら
せた医者を責めることはできません。

　捕らえられたジムは町に連れて行かれます。血気にはやった男
たちは見せしめにジムをしばり首にしろと大騒動になります。そ
の男たちに向かって医者は手荒なまねはするなと演説で諭します。
次はその演説の冒頭です。「この者は悪い黒人ではない」という
意味で医者は he *ain't* a bad nigger と言っています。

(8)　"Don't be no rougher on him than you're obleeged to,
　　　because he *ain't* a bad nigger."
　　　(「むやみに手荒なまねをしてはならんぞ。この者は悪い黒人で

はないのだから」)

— Mark Twain, *Adventures of Huckleberry Finn*（1884）

［注］*Don't* be *no* rougher on him　これも二重否定で否定の意.
否定を強調している.　/ obleeged = obliged

医者が島に着いたとき, トムの
傷は悪化し, とても医者1人の手
に負える状態ではありませんでし
た. その医者をジムはかいがいし
く手伝いました. 自分が到着する
までの間, ジムは寝る間もなくト
ムの看病をしていたことを医者は
見抜きました. 「トムが助かった
のもジムが治療を助けてくれたか
らだ. 捕らえられたとき, ジムは
抵抗ひとつしなかった」と医者は
ジムを弁護します. そして, ジム
は捕らえられるのを承知でいかに

図10.1　ジムを弁護する医者
（原著さし絵）

かいがいしくトムを看護したか, いかに篤実に治療を手伝ったか
を語ります. ジムがいなければトムを救うことはできなかったと
述べ, 「わしはこの黒人が好きになった」とまで語ります.

演説が進むにつれ, 男たちのジムに注ぐ目は穏やかになってい
きました. そして, 医者は500語近いこの長い演説を次のように
締めくくります.

(9)　"He *ain't no* bad nigger, gentlemen; that's what I think
about him."
（「いいかね, 諸君, この者は決して, 決して悪い黒人ではない
のだ. わしはこのように考えるのだよ」)

174

医者は演説を he *ain't* a bad nigger（この者は悪い黒人ではない）ということばで始めました．そして，演説の最後を He *ain't no* bad nigger という二重否定で締めくくりました．演説の冒頭とその締めくくりで医者の気持ちに違いが読めます．演説を締めくくった二重否定には医者の強い気持ちが表れています．

10.4　標準英語が二重否定を否定に使わないのはなぜ

規範主義の影　上で医者は ain't という言い方，そして二重否定で否定を表す言い方のどちらも使っています．しかし，標準英語ではこのどちらの言い方もまず目にすることはありません．この ain't はイギリス文壇の大御所チャールズ・ラムも使っていたことばです．二重否定で否定を表すのも古英語以来使われてきた由緒ある言い方です．標準英語はなぜ ain't，そして二重否定で否定を表す言い方を捨ててしまったのでしょうか．

　そこには規範主義の影がありました．今から150年ほど前チャールズ・スミスという教師が出版した *Common Blunders Made in Speaking and Writing*（話すとき，書くときによく見る誤り）という「英語べからず集」の話はこれまでも取り上げてきました．スミスはこの冊子で次のように ain't の使用を戒めています．次で ay'nt は ain't の異綴りです．

> "That *ay'nt* just," should be, "That *is not* just."
> （That *ay'nt* just.［それは正当ではない］は That *is not* just. と言わなければならない）
> ［注］本来 ayn't と綴るべきではないかと思うのですが，スミスは ay'nt と綴っています．

　このように規範主義の厳しい目を向けられた ain't はその後，標準英語が使われる公の場面からは姿を消しました．

二重否定についても同じです．二重否定は古英語の流れを汲む由緒ある言い方でした．シェイクスピアも否定のことばを重ねて否定を表す言い方を自在に行っています．しかし，これについてもチャールズ・スミスは次のように戒めています．

"*Nothing* can*not*," should be, "Nothing *can*."
（「何ごとも…できぬ」は "*Nothing* can*not*," ではなく "Nothing *can*." と言わなければならない）

　このような規範主義的考えは18世紀に広まりました．1762年，ロバート・ラウズ（Robert Lowth, 1710-87）という司教が『英文法入門』（*A Short Introduction to English Grammar*）という本を世に出しています．これは「正しい英語」を解説したものです．そこで彼は二重否定について次のように述べています．

Two negatives in English destroy one another, or are equivalent to an affirmative:
（英語では否定のことばを２つ重ねると打ち消し合い，肯定と同じになる）

　ラウズの考えは論理学の考えを文法にもち込んだもので，言語学的には容認しがたいものです．しかし，その後，この文法書は学校教育の大きなよりどころとなっていきました．
　これは標準英語にとって大きな損失であったと言わざるを得ません．標準英語は社会から高い地位を認められるのと引き替えに自由な言語発達というのびやかさを失うこととなりました．標準英語はそれが「標準」であるがゆえに規範主義という宿命を背負うこととなったのです．
　それに対し，非標準英語はのびやかに育ち，発達しました．社会的に低く見られはします．しかし，規範主義のような制約はそこにはありません．非標準英語は社会の表舞台に姿を現さなくと

も，庶民の日々の暮らしの中で世代から世代へとのびやかに受け継がれ，発達しました．非標準英語こそ古英語以来の伝統を正統に受け継いだことばと言えるかもしれません．

✎ 英文法こぼれ話 ✎ 「正しい」ことば，「誤った」ことば

　今から150年ほど前に発行された *Common Blunders Made in Speaking and Writing*（話すとき，書くときによく見る誤り）という16ページの小さな冊子については本書で何度か取り上げてきました．これは役者に発声法を教えていたチャールズ・スミス（Charles W. Smith）という人が書いたものです．取り上げられているのは今から見ると「どうしてこれが」と驚くものばかりです．

　　話すときには "You don't say so?"（まさか），"Don't you know?"（知らないの？），"Don't you see?"（わからないの？），"You know"（ね，そうでしょ），"You see"（ね，そうでしょ），"So you see"（ほら，そうでしょ）など意味のない（unmeaning），粗野な（vulgar）言い方は避ける．

　これらは今では会話でふつうに使うことばです．いつの時代にも話しことばはだらしないとする考えがあるようです．

　　"Come *here*"（ここに来なさい）は "Come *hither*" と言わなければならない．

　副詞 here は「ここに」という場所を示すものであり，「ここへ」と方向を示すには hither（=to or toward this place）を使うべきだという考えです．確かに副詞 here は「ここに」と場所を表すのが元来の意味でした．しかし，その後，come や go など移動を表す動詞とともに使って「ここへ」と方向を表す意味にも使われるようになりました．この意味は12世紀には現れているのですが，それでも19世紀，ことばの意味に厳密な人には目障りな使い方だったようです．人はことばの変化になかなか

頑迷です.

　　"*Where* do you come from?"（あなたの出身は？）は "*Whence* do you come?" と言わなければならない.

　前置詞は名詞・代名詞を目的語にとるものだから副詞 where を from の目的語に使うことはできない，where ... from でなく whence（どこから）を使わなければならないという考えです. 確かに where は副詞ですが，18世紀半ばにはくだけた言い方で where ... from? / where ... to? という形が現れています. アメリカの辞書は割りきった考えをしていて，この where を what or which place（どの場所）という意味の名詞としています.

　　"Since *then*"（そのとき以来）は "Since *that time*" と言わなければならない.

　これは then（そのときに）は副詞なので前置詞 since の目的語に使うことはできないという考えです. しかし，実際には then は by / since / till などとともに用いる名詞としての用法が1300年頃に生まれています.

　私も高校生の頃，How far is it *from here*?（ここからどれくらいの距離ですか）という言い方に頭を悩ませました. どうして副詞の here が前置詞の目的語になるのかという疑問です. この here も元来は副詞ですが，from here という言い方は19世紀半ばには現れています. これもアメリカの辞書は割りきって「ここ」という意味の名詞としています.

エピローグ：プア・チュー・カンの英語

ことばの出会い　英語はさまざまな言語と出会うことで発達してきました．ブリテン島の先住民ケルトのことばゲール語を別にすれば，英語がブリテン島で話されるようになってから初めて出会ったのはデーン人（Danes）のことば古ノルド語（Old Norse）です．ブリテン島は 8 世紀の終わり，北方からデーン人，今でいうバイキングの侵略を受けました．ブリテン島の半分を奪われながら，アングロサクソンはアルフレッド大王の奮闘により和議を成し，平和を得ました．そこで古英語と古ノルド語が出会い，英語にクリオールに似た変化が起きました．それまでの複雑な屈折が落ちるきっかけとなったのです．

その後，イギリスの植民地となったアイルランドでは，ゲール語の影響を色濃く受けたアイルランド英語が生まれました．その英語は移民とともにアメリカ大陸に渡りました．さらに奴隷としてアメリカ大陸に渡ったアフリカ系の人々はそこにクリオールとしての黒人英語をもたらし，独自のことばを発達させました．

シンガポール英語　今，世界に新しい英語の波が広がりつつあります．現在，英語を母語とする人の数は約 3 億 5 千万．インドやシンガポールのように日常では英語以外のことばを使いながら，公の場面では英語を使う人々は 3 億人から 5 億人．そして私たちのように英語を外国語として学ぶ人の数は 5 億人から 10 億人とみられます．今では生まれながらに英語を使う人より，私たちのように英語を学んで使う人のほうがずっと多いのです．

英語を学んで使う人が英語人口の大半を占めるようになった世界はどのような姿になるでしょう．それを占うのがシンガポール

で放送されたテレビ番組 *Phua Chu Kang Pte Ltd*（プア・チュー・カン工務店）です。これは1997年から2007年までの11年間にわたって放送された国民的人気番組で，日本で言えば吉本新喜劇のようなコメディです。Pte Ltd とは Private Limited の略で，シンガポールでは「有限責任会社」という意味で使われます。主人公のプア・チュー・カンは小さな工務店を経営する中国系のシンガポール人です。登場人物が話す英語は Singlish と呼ばれるシンガポール英語で，それが人気のひとつでもありました。

　次はその英語の例です。従業員が遅刻してやってきます。通称キング・コング（King Kong）と呼ばれる彼の好物は豆腐を甘くしたデザート「豆花」(touhua) です。

Phua Chu Kang: Hey, why you late today?

King Kong: Sorry boss, on touhua break.

Phua Chu Kang: Wah! You never finish your work and want to come late some more.

King Kong: OK, OK. Sorry lah. Next time I don't come late.

Phua Chu Kang: Make sure ah. Don't play play. Next time you kena.

プア・チュー・カン：おい，なんで，今日，遅れて来んねん。

キング・コング：親方，すんまへん。豆花休憩してましてん。

プア・チュー・カン：なんやて，仕事もでけんのにまた遅れて来んのか。

キング・コング：へー，すんまへん。今度は遅れるようなこと，せーしまへんよって。

プア・チュー・カン：ほんまやな。まじめにやらなあかん。今度はただではすまんで。

　　　　　　　　　　　　　　　　　— テレビドラマ *Phua Chu Kang Pte Ltd*

［注］touhua 「豆花」. ペースト状の甘い豆腐で, シンガポール
　　　　　　では朝食やティーブレーク (tea break) で食べる.
　　　lah　文末につけて「…ね」ほどの意を表す. ah とも言う.
　　　kena　ひどい目にあう

　この短い会話にはこれまで見てきた非標準の英文法がいくつも
みられます. プア・チュー・カンの why you late today? は律儀
に言えば why *are* you late today? です. You ... want to come late
some more の some more は「さらに」という意味のようです.

　なによりシンガポール英語らしいのが Sorry *lah*. (すみません)
です. この lah は中国語で「…だね」ほどの意味で文末に使う
「啦」からきたものとされます. プア・チュー・カンのことばの
Make sure *ah*. の ah も同じ使い方です. Don't *play play*. はプア・
チュー・カンの決まりことばです.「遊んでばかりいるな」とい
う原義から「なまけるな」という意味で使っています. 単語
play を重ねて意味を強調しています.

英語はだれのものか　このコメディで使われるシンガポール英語
に批判がなかったわけではありません. シンガポール政府は番組
を批判し,「正しい」英語を話そうというキャンペーンを打ち上
げました. その圧力からプア・チュー・カンが学校に再入学して
英語を学び直すという内容の回までつくられたほどです. しかし,
逆に言えば, それは正統派英語ではないシンガポール英語がいか
に人々の心をとらえていたかを示すものです.

　さらに象徴的なのはプア・チュー・カンの義姉マーガレットで
す. どの登場人物もシンガポール英語を話す中で, 彼女だけ正統
派イギリス英語を話します. 彼女はプア・チュー・カンにいつも
小言を言う俗物として現れ, いわば番組の憎まれ役です. 人気者
はシンガポール英語を話すプア・チュー・カンで, 正統派英語を
話すマーガレットは人気がありません. 英語を学ぶ私たちはどの

ような英語をめざすべきか，それを考えさせます．

　今，英語はアングロサクソンのことばから，民族的・文化的背景を異にする人々のことばになりつつあります．スタインベック，マーク・トウェイン，オー・ヘンリーが非標準の英語で物語を紡ぎ出したように，英語を母語としない人々が新しい英語で小説や映画をつくり出す日が来るのは遠くないかもしれません．

あとがき

　ドイツの作家エーリヒ・ケストナー（Erich Kästner, 1899-1974）に『ふたりのロッテ』（1949）というよく知られた作品があります．南ドイツのミュンヘンにロッテ・ケルナーという名の9歳のおさげ髪の少女がいました．時を同じくしてオーストリアのウィーンにルイーゼ・パルフィーという同じく9歳の巻き毛の少女がいました．その年の夏，ドイツ山中ビュール湖のほとりの休暇施設「子どもの家」におおぜいの子どもがやって来ます．その中にロッテとルイーゼの姿もありました．

　そこで出会ったふたりは驚きます．顔が鏡に映したようにそっくりです．しかし，性格はまるで違います．ロッテは気が弱くやさしい少女ですが，ルイーゼは強気で時にわがままです．ある日，ルイーゼはロッテに髪を彼女と同じおさげにしてもらいました．もう見分けがつきません．並んで立ったふたりを前に友だちのトゥルーデがどちらがロッテで，どちらがルイーゼか当てることになりました．困った彼女はしばらく考えた後，近いほうにいる子のおさげを引っ張ります．とたんに相手からひっぱたかれました．トゥルーデはほっぺたを押さえながらうれしそうに言います．「こっちがルイーゼ」

　さて，仲良しになったロッテとルイーゼは話を重ねます．そしてロッテには父親がいないこと，ルイーゼには母親がいないことを知ります．さらに驚いたことにふたりは誕生日も生まれた町も同じだと知るのです．

　ロッテとルイーゼは確信します．ふたりは双子で小さいときに両親が離婚して別れ別れになったのだと．どうすれば両親の仲を元に戻すことができるだろう．ふたりは知恵をしぼり，驚くべき

計画を立てます．ここからがいよいよ『ふたりのロッテ』のお話の核心なのですが，割愛しなければなりません．

　さて，本書の最終章を書き終え，筆を置いて思うのです．本書で私たちが見てきたのは『ふたりのロッテ』そっくりではないかと．私たちは英語の新聞や雑誌を自在に読むことができます．それは学校で学んだ英文法の力のおかげです．ところが，レイモンド・チャンドラーやオー・ヘンリー，マーク・トウェインなどお気に入りの作家の小説を英語で読もうとすると壁にぶつかります．そこに現れるのは私たちが習ってきたものとは違う文法です．『カサブランカ』や『お熱いのがお好き』などの名作映画にも教わったことのない文法が次々に現れます．英語という同じ顔をしていながら，その文法はまるで違います．それはロッテとルイーゼが顔が同じでありながら性格がまるで違うのに似ています．

　教科書で学ぶ英語も小説や映画の英語も元をただせば，同じ古英語から発達したものです．違うように見えても，元をたどれば源は同じです．異なった文法になったのは，一方はよそ行きの服が似合う社会の中で，もう一方は普段着の庶民の暮らしの中で育ったからです．それはあたかもロッテとルイーゼが異なる家庭環境の中で育ち，違った性格を育んだのに似ています．

　しかし，ロッテとルイーゼはまぎれもない双子姉妹です．そして，私たちが学校で学ぶ英文法も小説や映画で出会う英文法もまぎれもない英語です．小説や映画の英語と私たちが学校で学んできた英文法は決して別物ではありません．それは違った環境の中で育った双子です．

　小説を読まれるとき，映画をごらんになるとき，「ああ，あの文法だ」と思い出していただくことがあれば，著者としてこれに過ぎる喜びはありません．

著　者

参考書目

Abbott, E. A. *A Shakespearian Grammar: An Attempt to Illustrate Some of the Differences between Elizabethan and Modern English.* London: Macmillan, 1929.

Algeo, John. *The Origins and Development of the English Language,* 6th ed. Boston: Wadsworth, 2010.

Austin, Frances. "The Effect of Exposure to Standard English: The Language of William Clift." Ed. Dieter Stein, et al. *Towards a Standard English, 1600‒1800.* Berlin: Mouton de Gruyter, 1994, 285‒313.

Biber, Douglas, et al. *Longman Grammar of Spoken and Written English.* Harlow, Essex: Pearson Education, 1999.

Brasch, Walter M. *Black English and the Mass Media.* Amherst: University of Massachusetts Press, 1981.

Brook, C. L. *A History of the English Language.* London: Andre Deutsch, 1958.

Carr, Elizabeth Ball. *Da Kine Talk: From Pidgin to Standard English in Hawaii.* Honolulu, HI: The University Press of Hawaii, 1972.

Crystal, David. *The English Language.* London: Penguin Books, 1988.

———. *The Stories of English.* London: Penguin Books, 2004.

Dillard, J. L. *Black English: Its History and Usage in the United States.* New York: Random House, 1972.

Filppula, Markku. *The Grammar of Irish English: Language in Hibernian Style.* London: Routledge, 1999.

Flexner, Stuart Berg. *I Hear America Talking: An Illustrated Treasury of American Words and Phrases.* New York: Van Nostrand Reinhold, 1976.

Fowler, H. W. *A Dictionary of Modern English Usage.* Oxford: Oxford University Press, 1926.

Fries, Charles Carpenter. *American English Grammar*. New York: Appleton-Century-Crofts, 1940.

Gabrielatos, Costas, et al. "A Corpus-Based Sociolinguistic Study of Indefinite Article Forms in London English." *Journal of Linguistics* 38.4(2010): 297-334.

Hickey, Raymond. "Arguments for Creolisation in Irish English." Ed. Raymond Hickey and Stanisław Puppel. *Language History and Linguistic Modelling. A Festschrift for Jacek Fisiak on his 60th Birthday*. Berlin: Mouton de Gruyter, 1997. 969-1038.

———. *Irish English: History and Present-Day Forms*. Cambridge: Cambridge University Press, 2007.

Huber, Sophia. *African American Vernacular English as a Literary Dialect: A Linguistic Approach*. München: Herbert Utz, 2018.

Hudson, Richard. "Does English Really Have Case?" *Journal of Linguistics* 31.2(1995): 375-92.

Isaacson, Walter. *Steve Jobs*. New York: Simon & Schuster, 2011.

Joyce, P. W. *English as We Speak It in Ireland*. Dublin: Wolfhound Press, 1910.

Kenyon, John Samuel. *American Pronunciation*. Ann Arbor: George Wahr, 1969.

Kjellmer, Göran. " 'IT'S A INTERESTING BOOK' : On the Use of the Indefinite Article *a* before a Vowel in English." *Neuphilologische Mitteilungen* 102.3(2001): 307-315.

Labov, William. *The Study of Nonstandard English*. Urbana, IL: National Council of Teachers of English, 1970.

———. "Contraction, Deletion, and Inherent Variability of the English Copula." *Language* 45.4(1969): 715-762.

———. "Objectivity and Commitment in Linguistic Science: The Case of the Black English Trial in Ann Arbor." *Language in Society* 11(1982): 165-201.

———. "Coexistent Systems in African-American English." Ed. Salikoko S. Mufwene, John R. Rickford, Guy Bailey, and John

Baugh. *The Structure of African-American English: Structure, History, and Use*. London: Routledge, 1998. 110–153.

Lowth, Robert. *A Short Introduction to English Grammar: with Critical Notes*. London: J. Hughes, 1762.
⟨https://archive.org/details/shortintroductio00lowtrich⟩

McWhorter, John. *Word on the Street: Debunking the Myth of "Pure" Standard English*. Cambridge, MA: Perseus, 1998.

Mencken, H. L. *The American Language: A Preliminary Inquiry into the Development of English in the United States*. New York: Alfred A. Knopf, 1919.

Poplack, Shana. "How English Became African American English." *The Handbook of the History of English*. Ed. Ans van Kemenade and Bettelou Los. Oxford: Blackwell, 2006. 452–476.

Rickford, John R. *African American Vernacular English: Features, Evolution, Educational Implications*. Malden, MA: Blackwell, 1999.

Smith, Charles W. *Common Blunders Made in Speaking and Writing*. n.p., n.d.

Upton, Clive, David Parry, and J. D. A. Widdowson. *Survey of English Dialects*. London: Routledge, 1994.

Vanneck, Gerard. "The Colloquial Preterite in Modern American English." *WORD* 14.2–3 (1958): 237–242.

Visser, F. Th. *An Historical Syntax of the English Language*. Vol. 2. Leiden: E. J. Brill, 1972.

Walker, John. *A Critical Pronouncing Dictionary and Expositor of the English Language*. London: G. G. J. and J. Robinsons, 1791.

Walshe, Shane. *Irish English as Represented in Film*. Frankfurt am Main: Peter Lang, 2009.

Wright, Joseph, ed. *The English Dialect Dictionary*. 6 vols. London: Henry Frowde, Amen Corner, E. G., 1898–1905.

Wright, Laura. "Third Person Plural Present Tense Markers In London Prisoners' Depositions, 1562–1623." *American Speech* 77:3

（2002）: 242-263.

Zinn, Howard. *A People's History of the United States: 1492-Present.* New York: Harper & Row, 1980.

上杉忍『アメリカ黒人の歴史』3版（中央公論社，2018年）

後藤弘樹『マーク・トウェインのミズーリ方言の研究』（中央大学出版部，1993年）

齊藤俊雄「"The Humble Petition of WHO and WHICH"を検証する」田島松二・末松信子編『英語史研究ノート』（開文社，2008年）23-28.

バーダマン，ジェームス・M『アメリカ黒人の歴史』（NHK ブックス，2011年）

藤井健三『アメリカ英語とアイリシズム』（中央大学出版部，2004年）

索　引

Ⅱ　語句索引

Ⅲ　作者

Ⅳ　小説

V 映画

VI 新聞

[著者紹介]

朝尾幸次郎（あさお　こうじろう）
　元立命館大学文学部，言語教育情報研究科教授．1949年，広島県生まれ．
　1971年，東京外国語大学（外国語学部）英米語学科卒業．1974年，デンバー大学大学院（スピーチ・コミュニケーション研究科）修士課程修了．1976年，東京外国語大学大学院（外国学研究科）修士課程修了．
　著書に『語彙・表現』（大修館書店，1985），『コンピュータ英語情報辞典』（研究社，2001），『インターネットを活かした英語教育』（杉本卓氏との共著，大修館書店，2002），『社会人のための英語の世界ハンドブック』（酒井志延氏・小林めぐみ氏との共編著，大修館書店，2017），『英語の歴史から考える英文法の「なぜ」』（大修館書店，2019）など．

英語の歴史から考える　英文法の「なぜ」2
©Asao Kojiro, 2021　　　　　　　　NDC 830／x, 197p／19cm

初版第1刷——2021年5月1日

著者————朝尾幸次郎
発行者————鈴木一行
発行所————株式会社 大修館書店
　　　　　　〒113-8541 東京都文京区湯島2-1-1
　　　　　　電話 03-3868-2651（販売部）　03-3868-2294（編集部）
　　　　　　振替 00190-7-40504
　　　　　　[出版情報] https://www.taishukan.co.jp

装丁者————CCK
印刷所————広研印刷
製本所————難波製本

ISBN 978-4-469-24646-9 Printed in Japan